Inhalt

Hotline für Leseranfragen

Haben Sie Schwierigkeiten bei der Beschaffung einer bestimmten Rosensorte? Stimmen die Angaben aus den Sortenauflistungen dieses Heftes nicht mit Ihren Erfahrungen überein? Der Autor Dr. Burkhard Spellerberg bietet Ihnen hierzu einen besonderen Service. Bitte wenden Sie sich an:

Dr. Burkhard Spellerberg, Blücherstraße 27, 31303 Burgdorf
Telefon 05136/5327, E-Mail: spelli@spelli.de

1 Vielfalt und Schönheit

Die Rose ist mit ihrer klassischen Schönheit aus Gärten und Parks nicht mehr wegzudenken. Keine andere Pflanzenart zeigt eine so große Formen- und Farbenvielfalt. Gleichzeitig gilt die Rose aber auch als empfindlich und anspruchsvoll. Die Züchtung hat deshalb neue Sorten geschaffen, die widerstandsfähiger gegen pilzliche Krankheiten sind. Die neuen Sorten wachsen prächtig und müssen selten oder gar nicht mit Pflanzenschutzmitteln behandelt werden.

Wie stark ein Schadorganismus – zum Beispiel ein Pilz – eine Pflanze schädigen kann, hängt von der Widerstandsfähigkeit einer Sorte und von weiteren Faktoren ab. Hierzu zählen beispielsweise das Klima, Luftfeuchte, Temperatur und Windbewegung im Pflanzenbestand und die Wechselwirkungen zwischen Schädlingen und Nützlingen. Daher wird der Grundstein für ein gesundes Pflanzenwachstum schon lange vor der Pflanzung gelegt: Richtige Standortwahl und Verwen-

Foto: Reinhard Noack

Mit Rosen lassen sich vielfältige Lebensräume gestalten.

Beetrose 'Knirps' für eine vielseitige Gestaltung

dung widerstandsfähiger Sorten sind der beste Pflanzenschutz. Durch den richtigen Rückschnitt, bedarfsgerechte Ernährung und geeigneten Winterschutz kann man die Wuchskraft und Widerstandsfähigkeit der Rosen erhöhen. Der Befall mit Schädlingen und Krankheiten wird so erschwert, Nützlinge haben bessere Lebensbedingungen.

Das vorliegende Heft gibt Anregungen zur Sortenwahl und zu einer „gesunden Kulturführung". Wichtige Rosenkrankheiten und -schädlinge werden erläutert.

Foto: Kordes Werksbild

Foto: Burkhard Spellerberg

Kleinstrauchrose 'Pomponella' mit auffallender Blütenwirkung

2 Wo wachsen Rosen besonders gut?

Rosen lieben Licht und Luft. Auf sonnigen Standorten entwickeln sie sich wesentlich besser und blühen reicher als in schattigen Bereichen. An luftigen Standorten bleiben die Pflanzen gesund. Unter überhängenden Bäumen oder Sträuchern sollten daher keine Rosen gepflanzt werden, nur wenige Sorten eignen sich für den halbschattigen Standort. Rosen lieben Wärme, im Schutz von Hecken oder Mauern gedeihen sie, wenn der richtige Abstand gewahrt bleibt. Kletterrosen benötigen für einen zufriedenstellenden Wuchs ein Stützgerüst. Alle Rosensorten benötigen einen humusreichen, tiefgründigen Boden, der pH-Wert sollte zwischen 6,4 und 7,5 liegen.

Haben auf einem Boden schon jahrelang Rosen gestanden, können neue Rosen nur dann gepflanzt werden, wenn der Boden ausgetauscht oder wenigstens tiefgründig durch Einarbeiten von Kompost, Humussubstrat oder Mutterboden verbessert wird. Standorte mit Staunässe oder Bodenverdichtung sind für Rosen nicht geeignet.

Foto: BKN Strobel Werkbild

'Schloß Ippenburg': eine Edelrose mit hoher Widerstandskraft

3 Die Rosenklassen

Es gibt über 10.000 Rosensorten. Das Spektrum variiert von Wildrosenabkömmlingen über edle alte und neue Zuchtformen bis zu den heutigen widerstandsfähigen Züchtungen, die nur wenig Pflege benötigen. Blütenreichtum, gute Selbstreinigung (die Blütenblätter fallen im Verblühen ab) und kräftiger Durchtrieb vor der zweiten Blüte sind beste Voraussetzungen für prächtige Pflanzen. Ein breites Sortenspektrum mit verschiedenen Wuchs- und Blütenformen in fast allen Farben, mit einfachen oder gefüllten Blüten, einmal oder fortlaufend blühend und mit vielen Duftnuancen sorgt für vielfältige Verwendungsmöglichkeiten.

Das Rosensortiment kann nach Wuchshöhe und -breite, Wuchsform, Dichte und Triebhaltung in die Klassen Edelrosen, Beetrosen, Kleinstrauchrosen, Strauchrosen, Kletterrosen und Bodendeckerrosen unterteilt werden. Die früher übliche Zuordnung bestimmter Rosen als Polyantharose (Blütenstände vielblütig), Floribundarose (Blütenstände mit mehreren Blüten) oder Teehybride (einzelblütig, Blüten an langen Stielen) ist kaum noch

Foto: Burkhard Spellerberg

Edelrose 'Charisma' – charmant in Farbe und Duft

Foto: Burkhard Spellerberg

möglich, da die Züchtung viele Zwischenformen hervorgebracht hat. Darüber hinaus gibt es weitere Einteilungen wie Wildrosen, Historische Rosen, Nostalgische Rosen, Englische Rosen, Stammrosen, Kaskadenrosen, Ramblerrosen, Zwergrosen, Topfrosen oder Schnittrosen. Weitere Rosengruppen finden sich bei bestimmten Marketingstrategien, wie z. B. die zweifarbigen „Malerrosen“ die nach berühmten Malern benannt sind.

Edelrosen

Die Edelrosen sind die bekannteste aller Rosenklassen. Sie werden häufig noch als „Teehybriden“ bezeichnet und zeichnen sich durch kräftige Farben, edle Blütenformen und Duft aus. Diese Rosen sind auch heute noch am beliebtesten, da sie wegen ihrer klassisch geformten, großen, meist einzeln an langen Stielen sitzenden Blüten dem Idealbild einer Rose entsprechen. Die Blüten können jedoch auch in Dolden angeordnet sein. Edelrosen eignen sich durch ihre langen Stiele und den aufrechten Wuchs gut für den Schnitt. Sie erreichen eine Wuchshöhe von 70 bis 120 Zentimetern. Um ihre volle Schönheit zu entfalten, benötigen sie einen optimalen Standort und eine besondere Pflege.

Beetrosen

Bei dieser Rosenklasse hat die Züchtung eine enorme Vielfalt hervorgebracht. Beetrosen gibt es in nahezu allen Farben und Blütenformen. Sie wachsen 60 bis 80 Zentimeter hoch und überwiegend breit buschig. Die Blüten können einzeln oder in Dolden angeordnet sein und erscheinen in mehreren Schüben. Die Abgrenzung zu anderen Gruppen ist bei Beetrosen oft

Kleinstrauchrose 'Diamant'

Foto: Burkhard Spellerberg

Beetrose 'Bad Birnbach'

schwierig, durch die Züchtung sind viele Zwischenformen entstanden, die mehreren Gruppen zugeordnet werden können.

Kleinstrauchrosen

Kleinstrauchrosen sind hinsichtlich der Verwendung zwischen Beet- und Strauchrosen einzuordnen. Sie wachsen buschig bis breit buschig und werden je nach Wuchsstärke 80 bis 120 Zentimeter hoch. Die Pflanzenzüchtung hat bei dieser Rosengruppe mittlerweile viele widerstandsfähige Sorten mit sehr schönen Blütenfarben und Blütenformen geschaffen, die gerade wegen ihrer Gesundheit auch für den Privatgarten bestens geeignet sind. Kleinstrauchrosen eignen sich für die Gruppenpflanzung und Einzelstellung, aber auch als Rosenhecke oder für flächige Pflanzungen – besonders in Kombination mit Gehölzen. Wunderschön kann eine auf Hochstamm veredelte Kleinstrauchrose wirken.

Bodendeckerrosen

Die echten Bodendeckerrosen stellen eine Untergruppe der Kleinstrauchrosen dar. Es sind Sorten mit besonders niedrigem, kriechendem Wuchs mit Höhen von 30 bis 40 Zentimetern.

Sie eignen sich für flächige Pflanzungen – besonders für Hanglagen –, kommen aber am besten zur Geltung, wenn man sie von Mauerkronen herabhängen lässt. Nur wenige Sorten wie 'Palmengarten Frankfurt' oder 'Stadt Rom' decken den Boden vollständig ab. Bei höher wachsenden Sorten wird die bodendeckende Wirkung durch eine enge Pflanzung erreicht.

Strauchrosen

Strauchrosen sind breit buschige bis aufrecht wachsende Rosensorten, die eine Höhe von 120 bis über 200 Zentimeter und mehr erreichen können. Die meisten Sorten blühen mehrmals, es gibt aber auch Sorten, die nur einmal im Jahr blühen. Reich blühende Sorten eignen sich für Einzelstellungen, aber auch für die Pflanzung in Gruppen. Zu den Strauchrosen gehören auch Wildrosen und deren Abkömmlinge und Sorten, die von der Kartoffelrose (*Rosa rugosa*) abstammen.

Kletterrosen

Die Gruppe der Kletterrosen umfasst Rosensträucher mit zwei bis vier Meter langen Trieben, die an einem Stützgerüst breitwachsend oder im Bogen wachsend gezogen werden. Sie blühen einfach, halb gefüllt oder gefüllt und weisen sehr verschiedene Blütenformen auf. Kletterrosen müssen stets am Stützgerüst oder an einer Wand befestigt werden.

Stark wachsende Strauchrosensorten können an einem geschützten Standort die Wuchsform einer Kletterrose erreichen. Eine besondere Form der Kletterrose ist die Ramblerrose.

Foto: Burkhard Spellerberg

Die Kleinstrauchrose der Sorte 'Heidetraum' eignet sich als Bodendecker.

Strauchrose der Sorte 'Westerland'

Untergruppe der Kletterrosen: Ramblerrose

Ramblerrosen sind überwiegend stark wachsende, einmal blühende Kletterrosen, die sehr üppig blühen. Klassiker wie 'Bobbie James', 'Rambling Rector', 'Kew Rambler' oder 'Kiftsgate' bilden Triebe von bis zu acht Metern Länge und können problemlos in Bäumen hochwachsen. Jedem Rosenliebhaber sind die üppig blühenden Rosenbögen oder Rosenlaubengänge bekannt, in denen die Ramblerrosen eine außerordentliche Blütenpracht zeigen. Viele Sorten dieser Rosengruppe müssen jedes Jahr kräftig zurückgeschnitten werden.

3.1 Weitere Rosengruppen

Wildrosen

Bei den Wildrosen handelt es sich um sämlingsvermehrte Rosenarten wie zum Beispiel *Rosa canina*, *Rosa multiflora* oder *Rosa rubiginosa*, die überwiegend im öffentlichen Grün in Hecken oder Strauchgemeinschaften verwendet werden. Die Blüten der Wildrosen sind meistens schalenförmig offen und einfach, das heißt mit fünf Blütenblättern. Sie blühen nur einmal im Frühjahr und zeigen im Herbst einen üppigen Hagebuttenschmuck. Auch *Rosa rugosa* wird meistens als Wildrose

Foto: Kordes Werkbild

Foto: Burkhard Spellerberg

Altbekannte Kletterrose 'Pauls Scarlet Climber' in typischer Verwendung

bezeichnet. Sie wurde züchterisch bearbeitet und zeigt Sorten mit einfacher, halb gefüllter oder gefüllter Blüte. Wildrosen benötigen viel Platz.

Englische Rosen

Unter dem Begriff „Englische Rose" werden Rosen zusammengefasst, die auf den Züchter David Austin und sein Lebenswerk zurückgehen. Sie bilden keine eigentliche Rosenklasse, verbinden aber in optimaler Form Duft, Blütenfülle, schöne Blütenform und sanfte Farben wie gelb oder orangegelb, aber auch „schwere Farbtöne" wie violett oder karminrot. Vom Züchter Austin gibt es mittlerweile viele wunderschöne Sorten, die allerdings einen optimalen Standort und eine besondere Pflege beanspruchen. Englische Rosen liegen in der Wuchshöhe und Wuchsform zwischen Beetrosen und Strauchrosen. Auch andere Züchterhäuser bieten inzwischen diese Schönheiten an, sodass eine Englische Rose durchaus aus Deutschland, Frankreich oder auch anderen Ländern stammen kann. Einige Sorten haben sich in der Prüfung bisher als widerstandsfähig erwiesen, jedoch liegen sichere Erkenntnisse dazu erst nach weiteren Anbaujahren vor.

Historische Rosen

Alle Rosen, die vor der ersten Teehybride 'La France' im Jahre 1867 entstanden sind, gelten als „alte" oder „historische" Sorten. Diese Rosen versprühen einen nicht zu beschreibenden Charme im Garten. Sorten verschiedener Rosenklassen (Beet-, Strauch- oder Kletterrosen) können historische Rosen sein.

Nostalgische Rosen

Die Bezeichnung dieser Rosengruppe entstammt einer Marketingstrategie und umfasst sowohl bekannte Klassiker als auch neue Züchtungen. Sie sind meistens stark gefüllt und haben kräftige, dunkelrosa oder violette Farben, die auch gemischt sein können. Blütenform und Blütenfarbe wirken nostalgisch, das heißt, sie sind stark gefüllt, ihre Blüte ist groß und becherförmig bis abgerundet, sie duften und die Blütenblätter können gefranst sein. Nostalgische Rosen können zu den Beet-, Strauch- oder Kletterrosen gehören.

Zwergrosen

Rosensorten, die dieser Gruppe zugeordnet werden, wachsen schwächer und zeichnen sich durch einen kompakten Wuchs, zierliches Laub und kleine Blüten aus – sie werden deshalb auch oft als Miniaturrosen bezeichnet. Sie erreichen eine Wuchshöhe von 30 bis 40 Zentimetern und sind dicht verzweigt. Zwergrosen mit ebenfalls gedrungenem Wuchs, aber etwas größeren Blüten, werden in Großbritannien und anderen Ländern als Patio-Rosen (Patio = Innenhof, Terrasse) bezeichnet. Zwergrosen lassen sich für Kübel, Töpfe, Balkonkästen, aber auch in kleinen Gärten verwenden.

Miniaturrosen

Diese Rosengruppe weist Sorten auf, die Blütenmerkmale der Zwergrosen und Wuchseigenschaften von Beet- oder Kletterrosen aufweisen. Sie eignen sich für kleine Standräume in Kübeln oder Pflanzgefäßen.

Rosen unterscheiden sich nicht nur in ihrer Blüte, sondern auch in Wuchsform und Widerstandskraft.

3.2 Welche Rosenklasse ist empfehlenswert?

Um Rosenneuheiten für eine vielfältige Verwendung zu schaffen, sind viele Sorten aus unterschiedlichen Rosenklassen gekreuzt worden. Die Übergänge zwischen den Klassen sind daher fließend und viele Sorten können mehreren Rosenklassen zugeordnet werden. Beschränkt man sich bei der Suche nach einer geeigneten Sorte nur auf eine Klasse, wird man daher nicht alle für die geplante Verwendung geeigneten Sorten finden. Gerade bei der Recherche über Suchprozeduren in EDV-gestützten Datenbanken engt leider jede Gruppierung auch das Ergebnis ein. Pflanzengruppen, die Marketingstrategien entstammen, erschweren zudem eine verwendungsorientierte Recherche.

Tipp

In der Literatur sowie in EDV-gestützten Datenbanken Rosen über Blütenmerkmale in allen Rosengruppen suchen und dann je nach Ergebnis die Suche nach Verwendungsrichtung und Rosengruppe verfeinern.

Foto: Burkhard Spellerberg

4 Augen auf beim Rosenkauf

Beim Kauf von Rosenpflanzen sollte darauf geachtet werden, dass die Triebe grün sind und die Rinde glatt ist. Das Holz sollte gut ausgereift sein und keine Bruchstellen aufweisen. Die Wurzeln dürfen nicht angetrocknet oder gar ausgetrocknet sein, sie müssen kräftig und gut verzweigt sein. Am häufigsten werden Rosen als wurzelnackte Pflanzen angeboten. Sie sind preiswerter als getopfte Pflanzen und in einer größeren Sortenvielfalt vorhanden. Bestens bewährt haben sich zudem getopfte Pflanzen als Containerrosen, die auch während der Blüte angeboten werden können, sodass der Verbraucher sofort die Blütenpracht genießen kann.

Nach den Gütebestimmungen des Bund deutscher Baumschulen (BdB) werden Rosen in der Regel in zwei Güteklassen angeboten. Rosen der Güteklasse A müssen mindestens drei Triebe aufweisen, davon müssen mindestens zwei aus der Veredelungsstelle kommen, während der dritte Trieb bis fünf Zentimeter darüber wachsen darf.

Rosen der Güteklasse B haben mindestens zwei Triebe, die beide aus der Veredelungsstelle entspringen müssen.

Viele Sorten werden auch wurzelecht angeboten, das heißt, die Pflanzen stehen unveredelt auf eigener Wurzel. Wurzelechte Pflanzen werden fast ausschließlich im Topf angeboten.

Foto: Angelika Throll-Keller

Angebotsformen von Rosen (v. l. n. r.): wurzelnackte Rose in A-Qualität, wurzelnackte Rose in B-Qualität, Rose mit Wurzelverpackung, zwei Rosen in verschiedenen Töpfen, blühende Rose im Pflanzcontainer

Fotos: Kordes Werkbild

Rose der Güteklasse A

Rose der Güteklasse B

5 Rosen richtig kultivieren

5.1 Pflanzung

Pflanzzeit

Die beste Pflanzzeit für Rosen ist von Oktober bis Ende November. Der Boden darf nicht gefroren sein. Wurzelnackte Pflanzen können zwar auch im Frühjahr gepflanzt werden. Im Herbst gepflanzte Sorten treiben aber kräftiger aus, da sie schon früher neue Wurzeln bilden können.

Wurzelnackte Pflanzen müssen vor der Pflanzung über mehrere Stunden gewässert werden. Dazu werden die Pflanzen bis zur Veredelungsstelle in ein mit Wasser gefülltes Gefäß gestellt.

Rosen aus Containern können von Frühjahr bis Winterbeginn in den frostfreien Boden gepflanzt werden.

Pflanzabstände

Die Pflanzabstände richten sich nach dem Rosentyp sowie der Höhe und Breite im ausgewachsenen Zustand. Für eine bodendeckende Pflanzung wird dichter gepflanzt. Beim Pflanzabstand ist auch zu beachten, ob sich Rosen zusammen mit anderen Pflanzen-

Pflanzung

1

Vor dem Pflanzen sollten die Rosen mindestens zwei Stunden gewässert werden.

2

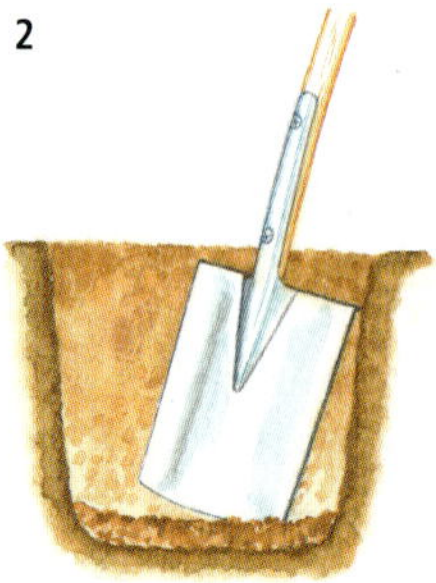

Das Pflanzloch soll so tief ausgehoben werden, dass die Pflanze bis zum Ansatz der Triebverzweigung hineinpasst. Die Pflanzen müssen sich auf dem Boden des Pflanzloches gut ausbreiten können.

3

Die Veredelungsstelle am Wurzelhals sollte ca. drei Finger breit (fünf Zentimeter) unter der Bodenoberfläche liegen. Vor dem Pflanzen beschädigte oder zu lange Wurzeln mit der Schere oder mit einem scharfen Messer einkürzen. Die Schnittfläche soll nach unten zeigen.

arten in einer Pflanzengemeinschaft sortentypisch entwickeln können und ob Wuchshöhen und Wuchsformen zueinander passen. Strauchrosen wirken einzeln oder in Dreiergruppen besonders dekorativ. Die Farben von Beetrosen kommen in einer dichteren Bepflanzung besonders gut zur Geltung. Kletterrosen begnügen sich mit einem engen Wurzelraum, brauchen aber für die volle Entfaltung der Blütentriebe Platz und ein Stützgerüst zur Befestigung der Zweige. Bei den Kleinstrauchrosen mit überhängendem Wuchs lässt sich ein Pflanzabstand kaum allgemein angeben, da er von den Standortbedingungen abhängt.

Bodenvorbereitung

Rosen benötigen einen lockeren und wasserdurchlässigen Boden. Schwere Böden sollten daher bis in etwa 40 Zentimeter Tie-

Tabelle 1: Optimale Pflanzabstände für verschiedene Rosengruppen

Gruppe	Pflanzabstand
Zwergrosen	ca. 30 cm
Beet-, Kleinstrauch- und Edelrosen	ca. 60 cm
Strauchrosen (in Gruppen)	ca. 80 bis 120 cm
Kletterrosen	ca. 120 bis 200 cm
Solitärpflanzen (überwiegend Strauchrosen)	ab 200 cm

4

So viel Erde einfüllen, bis das Pflanzloch locker gefüllt ist und festdrücken oder festtreten.

5

Um die Pflanze herum sollte eine flache Mulde als Gießrand entstehen. Die Mulde vorsichtig mit Wasser füllen, bis es überzulaufen beginnt. Gegebenenfalls mehrmals wiederholen. Die Wurzeln müssen gut eingeschlämmt sein, jedoch sollte der Wurzelraum nicht ständig vernässt sein und nicht festgestampft werden.

6

Um die Pflanzen vor Austrocknung, Sonne und Wind zu schützen, sollten die oberirdischen Triebe nach dem Pflanzen angehäufelt werden.

Quelle: ADR-Archiv

fe gelockert werden. Besonders wichtig ist die Lockerung in Neubaugebieten, da der Boden durch die Baumaßnahmen verdichtet sein kann. Eventuelle Verunreinigungen und Wurzelunkräuter wie Giersch und Quecke müssen beseitigt werden. Besonders lehmige oder sandige Böden können durch das Einarbeiten von Rindenhumus oder Gartenkompost verbessert werden. Letzterer ist jedoch nur dann geeignet, wenn er gut verrottet ist. Frischkompost, das heißt noch nicht ganz verrottetes Material, ist dagegen ungeeignet, da er zu viel Stickstoff und Unkrautsamen enthält. Bei zugekauftem Kompost sollte darauf geachtet werden, dass dieser mit einem anerkannten Qualitätssiegel (z. B. RAL-Gütezeichen Kompost) ausgezeichnet ist.

Bei der Neuanlage eines Rosenbeets wird das organische Material etwa 40 Zentimeter tief in den Boden eingearbeitet. Gartenkompost sollte dabei nicht direkt in das Pflanzloch an die nackte Wurzel gegeben werden, denn der sich dadurch erhöhende Salzgehalt und pH-Wert würde der Pflanze schaden.

Der pH-Wert des Bodens liegt für Rosen idealerweise zwischen 6,4 und 7,5. Bei pH-Werten von mehr als 7,5 werden bestimmte Spurenelemente im Boden festgesetzt, die der Pflanze dann nicht mehr zur Verfügung stehen. Mangelerscheinungen äußern sich bei Rosen meist durch aufgehellte Blätter. Bei pH-Werten unter 6,4 ist eine Kalkung angebracht.

Eine Düngung der frischgepflanzten, wurzelnackten Rosen sollte erst einige Wochen nach dem Austrieb erfolgen.

5.2 Pflege

Unkraut regulieren

Im ersten Jahr nach der Pflanzung muss durch Jäten oder Hacken regelmäßig Unkraut entfernt werden. Durch das Hacken wird zusätzlich der Boden gelockert. Wenn die Pflanzen gut angewachsen sind, kann der Boden mit Mulch abgedeckt werden, um das Unkraut einzudämmen und ein Austrocknen des Bodens zu verhindern. Als Mulchmaterial eignen sich zum Beispiel Rindenmulch oder gehäckseltes Pflanzenmaterial.

Bewässern

Rosen müssen normalerweise nicht gegossen werden. Nur bei lang anhaltender Trockenheit kann eine Bewässerung nötig werden. Dabei sollte das Wasser direkt auf den Boden und nicht über die Blätter gegossen werden, da sich auf feuchten Blättern Krankheiten besser ausbreiten können.

Vor Kälte schützen

In rauen Klimalagen benötigen Rosen einen Winterschutz (siehe Grafik Seite 19). Dazu wird um die Pflanzenbasis Erde 15 Zentimeter hoch angehäufelt, um die Triebe vor Frost und starken Temperaturschwankungen zu schützen. Zusätzlich können die Pflanzen mit Nadelholzzweigen abgedeckt werden.

Kletterrosen und Stammrosen schützt man am besten, indem man Nadelholzzweige zwischen die Rosenzweige steckt, bei Stammrosen sollten die Kronenzweige vorher leicht zusammengebunden werden. Die Veredelungsstelle kann zusätzlich mit Vlies oder Holzwolle geschützt werden; Plastikfolie eignet sich nicht, da sich darunter zu viel Feuchtigkeit bildet. Junge Stammrosen kann man auch vorsichtig herunterbiegen und die Krone am Boden befestigt mit Reisig abdecken.

5.3 Düngung

Rosen können ihre Eigenschaften nur dann voll entfalten, wenn sie ausreichend mit Nährstoffen versorgt sind. Bei zu geringer oder fehlender Nährstoffversorgung reagiert auch die robusteste Rose mit Kümmerwuchs und schwacher Blüte. Wird dagegen zu viel gedüngt, wachsen die Pflanzen zu stark und schließen das Wachstum im Herbst nicht rechtzeitig ab. Dadurch wird der Pilzbefall gefördert und die Winterhärte gemindert.

Eine allgemeine Empfehlung gibt der folgende Düngekalender (siehe Tabelle 2, Seite 20). Dabei ist jedoch zu beachten, dass die richtige Düngermenge immer von den Gegebenheiten vor Ort abhängt. Vor einer Rosenpflanzung ist daher immer eine Bodenuntersuchung sinnvoll, um im Boden schon vorhandene Nährstoffe zu erfassen. Auskunft über das nächstgelegene Labor für Bodenanalysen gibt der Verband Deutscher Landwirtschaftlicher Untersuchungs- und Forschungsanstalten (www.vdlufa.de).

Organischer Dünger – Mineralischer Dünger

Bei rein organischer Düngung, beispielsweise mit Hornspänen, kann es zur Überversorgung mit Stickstoff und zur Unterversorgung mit Spurenelementen kommen. Deswegen ist bei häufiger, rein organischer Düngung die zusätzliche Gabe von Spurenelementen erforderlich. Sinnvoll kann eine Ergänzung mit mineralischen Volldüngern sein.

Winterschutz

Schutz mit Reisig

Schutz durch Anhäufeln

Doppelter Schutz durch Anhäufeln und Reisig

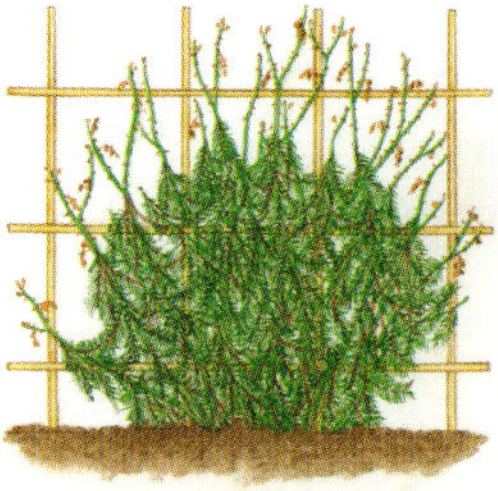

Schutz von Kletterrosen durch Reisig

Aufwendiger Schutz von Strauchrosen durch Rohrmatten

Quelle: ADR-Archiv

Tabelle 2: Düngekalender für Rosen ab dem zweiten Standjahr

Düngerform	Jan	Feb	Mär	Apr	Mai	Jun	Jul	Aug
Hornspäne (siehe Erläuterung)			Hornspäne (50–60 g/m^2)					
Mineralischer Dünger (schnelllöslich, chloridarm)			Volldünger (40 g/m^2)			Volldünger (30–40 g/m^2)		
Mineralischer Dünger (Langzeit, chloridarm)			Volldünger (80 g/m^2)					
Rosen-Spezial-Dünger (organisch-mineralisch)			Volldünger (50 g/m^2)		Volldünger (40 g/m^2)			

Ein Kasten bezieht sich immer auf eine Düngergabe während der jeweiligen Periode. Ein gehäufter Esslöffel mineralischer Langzeitdünger entspricht 20 Gramm. Ein gehäufter Esslöffel Hornspäne entspricht 10 Gramm. Bei frühlingshaften Temperaturen im Februar können Hornspäne auch bereits Mitte Februar angewendet werden.

Wichtig: Sie können sich für eine Düngeform entscheiden und finden die Mengenangaben dann in der dazugehörigen Zeile. Wenn Sie Düngeformen mischen wollen, müssen Sie die Dünger gegeneinander aufrechnen, damit Sie die Pflanzen nicht überdüngen.

Kalkung

Alle zwei Jahre kann eine Erhaltungskalkung sinnvoll sein, zum Beispiel mit Dolomitkalk. Dabei gelten folgende Richtwerte: Leichte Böden erhalten 60 bis 80 g/m^2, mittelschwere Böden 80 bis 100 g/m^2 und schwere Böden 100 bis 120 g/m^2.

Bodenverbesserer

Diese Hilfsstoffe werden auch Bodenaktivatoren genannt. Sie verbessern die Aktivität der Mikroorganismen und fördern so das Bodenleben. Dadurch kann die gesamte Entwicklung der Pflanzen verbessert werden, bei der Rose wird das beispielsweise an einer kräftigeren Blattfarbe sichtbar.

5.4 Schnitt

Durch den Schnitt wird nicht nur die Wuchsform der Rose beeinflusst, er dient auch dazu, die Pflanzen gesund zu halten und die Blütenbildung zu fördern. Je nach Ziel gibt es daher unterschiedliche Zeitpunkte für den Schnitt.

Frühjahrsschnitt

Noch vor dem Austrieb im Frühjahr, wenn die Knospen schwellen und kein stärkerer Frost mehr zu erwarten ist, werden vertrocknete oder zurückgefrorene Triebe entfernt. Kräftige Sorten können dabei gleich ausgelichtet werden, um die Wuchsform zu korrigieren.

Kleinstrauchrosen, Strauchrosen, Sorten für bodendeckende Bepflanzung und Sorten von *Rosa rugosa* können stark zurückgeschnitten werden, sie zeigen dann üppigeres Wachstum und reichhaltige Blüte. Bei einigen Sorten, zum Beispiel bei 'Weiße Immensee' ist jedoch Zurückhaltung angebracht: Sie blühen am vorjährigen Holz, sodass ein Einkürzen im Frühjahr eine deutlich verringerte Blüte im Sommer zur Folge hat.

Der gelegentlich noch durchgeführte Rückschnitt vor der Winterruhe ist nicht empfehlenswert, da die eingekürzten Triebe in einem strengen Winter noch weiter zurückfrieren können und dann ein zweiter Rückschnitt im Frühjahr erforderlich ist.

Für den Rosenschnitt gilt grundsätzlich: Starke Triebe weniger tief zurückschneiden als schwache. Beim Schnitt sollte darauf geachtet werden, dass die kräftigen Triebe bzw. Augen unterhalb des Schnittes möglichst nach außen zeigen. Die Triebe werden mit einer scharfen Schere ca. 0,5 cm oberhalb des nach außen zeigenden Auges (Triebknospe) mit einem glatten Schnitt gekürzt.

Sommerschnitt

Der Sommerschnitt führt bei Rosen aller Klassen zu einer besseren und gesünderen Entwicklung. Er mindert den Krankheitsbefall und fördert den Austrieb der nachgeordneten Blatt- und Blütenknospen. Verblühte Blüten werden regelmäßig entfernt, sind ganze Blütenstände verblüht, werden sie oberhalb der darunter folgenden und nach außen zeigenden Knospe abgeschnitten. Dabei wird so wenig Laub wie möglich weggeschnitten, um der Pflanze genügend Assimilationsfläche zu erhalten. Sind die Blätter allerdings mit Krankheiten befallen, sollten sie entfernt werden. Durch den Sommerschnitt wird der Hagebuttenansatz vermindert, sodass ein umso üppigerer Blütenansatz mit der Folgeblüte zu erwarten ist.

Schnitt bei Kletterrosen

Kletterrosen werden in der Regel langwachsend belassen. An einem Rank- oder Klettergerüst sollen die Pflanzen drei bis fünf kräftige Gerüsttriebe entwickeln, an denen sich Blütentriebe bilden. Diese werden nach dem Winter ausgelichtet oder auch eingekürzt. Schwache, dünne, zu dicht stehende oder vergreiste Triebe werden bis zur Basis ganz entfernt. Insbesondere bei den Kletterrosen zeigt sich, dass ein regelmäßiger Auslichtungsschnitt Wuchskraft und Blütenbildung fördert.

Schnitt

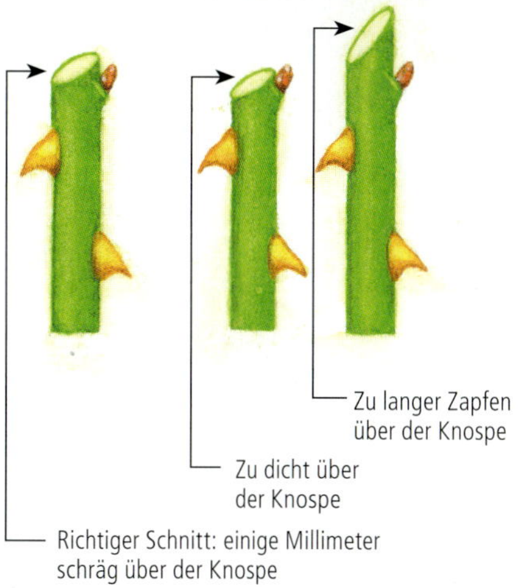

Richtige und falsche Schnittausführung über der Knospe

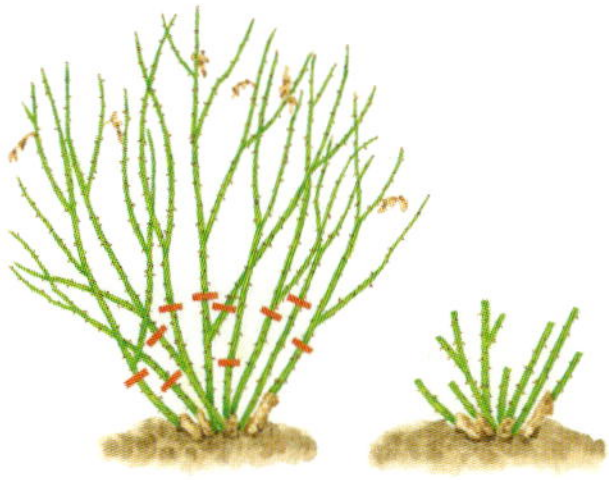

Ein scharfer Rückschnitt bei Beetrosen nach dem Winter verhindert die Vergreisung der Pflanze und fördert die Blütenbildung.

Stammrose: Abgestorbenes Holz und ältere Äste werden bis auf wenige Gerüstäste weggeschnitten

Quelle: ADR-Archiv

Fotos: Burkhard Spellerberg

Das Abschneiden fast verblühter Blüten …

… verhindert die Ausbreitung von Schimmelpilzen und sorgt für reiche Blüte.

Schnitt bei Kletterrosen

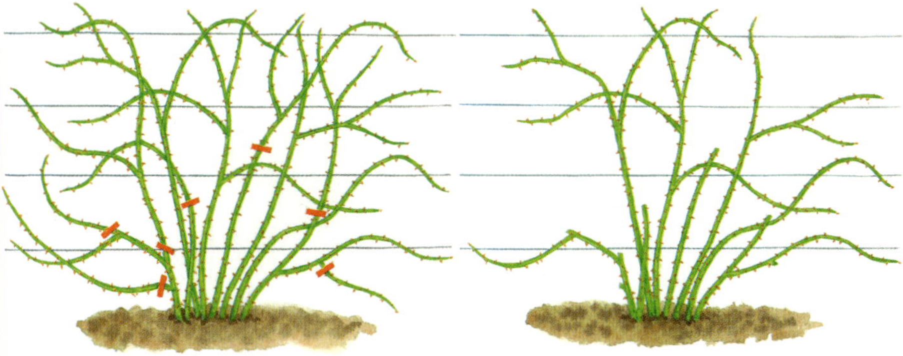

Kletterrose nach einigen Standjahren, die Triebe wurden breit gezogen und am Stützgerüst befestigt. Altes und abgestorbenes Holz wird entfernt. Einige Gerüstäste werden waagerecht am Stützgerüst belassen

Quelle: ADR-Archiv

6 Krankheiten und Schädlinge

Wie alle Pflanzen können auch Rosen von Krankheiten und Schädlingen befallen werden. Bei ungünstigen Bedingungen wie hohem Befallsdruck oder ungünstigen Boden- und Witterungsbedingungen betrifft das auch Sorten, die eigentlich widerstandsfähig sind. Bei fast allen Krankheiten und Schädlingen kann der Befall durch gezielten Rückschnitt und das Entfernen abgefallener Blätter gemindert werden.

Im Folgenden werden wichtige Krankheiten und Schädlinge sowie Gegenmaßnahmen beschrieben.

Echter Mehltau

Auf Blättern, Knospen und Triebspitzen ist ein weißer Belag zu beobachten. Befallene Blätter sind gewellt oder rollen sich zum Teil ein. Kühle Witterung und hohe Luftfeuchte während der Nacht, Taubildung und hohe Temperaturen am Tag begünstigen den Befall. Der Echte Mehltau tritt besonders an ungünstigen Standorten im Schatten auf. Rückschnitt, gute Belüftung des Pflanzenbestandes, Entfernen von befallenen Pflanzenteilen und mäßige Stickstoffernährung wirken dem Befall entgegen.

Foto: Burkhard Spellerberg

Falscher Mehltau

Im Gegensatz zum Echten Mehltau tritt beim Falschen Mehltau ein weißlicher Belag nur an der Blattunterseite auf. Auf der Oberseite bilden sich bei starkem Befall braune Flecken. Befallene Blätter welken und fallen ab, beginnend bei den jungen Blättern an der Triebspitze. Starke Temperaturschwankungen, rasche Abkühlung und Feuchtigkeit auf den Blättern begünstigen den Befall. Der Falsche Mehltau tritt verstärkt bei Pflanzen in Anzuchtbetrieben auf und ist im Garten oder in einer Grünanlage eher selten. Allerdings ist durch die regenreichen Sommer der letzten Jahre auch am Endstandort verstärkt Falscher Mehltau aufgetreten. Auch gegen den Falschen Mehltau wirkt ein gezielter Rückschnitt. Schnittgut und Falllaub müssen entfernt werden, um eine Neuinfektion zu verhindern.

Foto: Burkhard Spellerberg

Sternrußtau

Sternrußtau tritt bei anhaltend feuchter Witterung auf. Bei anfälligen Sorten werden die Blätter schon Mitte Juni befallen. Auf der Blattoberseite bilden sich violettbraune bis schwarze runde Flecken, die strahlig ausgebildet oder ausgefranst sind. Nach wenigen Tagen werden die Blätter gelb und fallen ab. Der Sternrußtaubefall beginnt an der Pflanzenbasis und breitet sich auf die ganze Pflanze aus. Daher tragen die Pflanzen zwar noch Blüten, oft aber keine Blätter mehr. Besonders nach starken Regenfällen oder langen Regenperioden ist ein verstärkter Befall zu beobachten. Weite Pflanzabstände, lichte und luftige Standorte, Herausnahme von befallenen Pflanzenteilen aus dem Bestand mindern den Befall, können ihn jedoch nicht verhindern. Sofern Rosen gewässert werden müssen, sollte dies möglichst ohne Benetzung der Blätter geschehen. Am wichtigsten ist jedoch die Auswahl widerstandsfähiger Sorten.

Foto: Burkhard Spellerberg

Rost

Bereits während der ersten Blüte kann bei anfälligen Sorten die Ausbildung von gelborangefarbenen, punktförmigen Sporenlagern auf der Blattunterseite beobachtet werden. Bis zum Herbst verfärben sich die Rostpusteln schwarzbraun, die Blätter vergilben und sterben ab. Von Rosenrost befallene Pflanzen sind im Wachstum geschwächt, sodass kein weiterer Austrieb erfolgt.

Fotos: Burkhard Spellerberg

Stark befallene Pflanzen tragen schon im Spätsommer keine Blätter mehr. Rosenrost tritt verstärkt auf lehmigen Böden auf. Die Pilzsporen überwintern an Pflanzenresten und im Boden. Die wichtigsten Maßnahmen gegen den Rost sind die Auswahl von widerstandsfähigen Sorten und optimale Standortbedingungen und Pflegemaßnahmen.

Ringfleckenkrankheit

Am voll entwickelten Blatt treten im Spätsommer graubraune Flecken mit violettrotem Rand auf. Bei starkem Befall können die Blätter abfallen. Die gesamte Pflanze ist geschwächt. Dieser Pilz tritt von Jahr zu Jahr unterschiedlich stark auf. Alle Maßnahmen zur Stärkung des Pflanzenwuchses hemmen den Pilzbefall. Der Befall ist von der jeweiligen Sorte abhängig.

Foto: Burkhard Spellerberg

Grauschimmel

Dieser Schimmelpilz tritt meistens nur bei gefüllten Blüten und nach langen Nässeperioden auf. Die Blütenblätter bilden pockenartige Flecken, bei starkem Befall sind sie stark verklebt und es kommt oft zur sogenannten Mumienbildung. Niedrige Temperaturen um 15 Grad Celsius und hohe Luftfeuchtigkeit fördern den Befall. Das Abschneiden von verblühten und befallenen Blüten mindert die Ausbreitung des Pilzes.

Fotos: Bernd Schaefer (li.), Burkhard Spellerberg (re.)

Spinnmilben

Spinnmilben befallen die Blattunterseite und verursachen durch Saugtätigkeit eine zunächst feine gelblich-weiße Sprenkelung, die sich später bronzefarben verfärbt. Die kleinen weißen Larven und gelblichgrünen Tiere sind mit dem bloßen Auge zu erkennen. Bei starkem Befall bilden sie feine Gespinste, die Blätter fallen ab.

Fotos: Burkhard Spellerberg

Warme, trockene Witterung mit geringer Luftfeuchte und hohe Sonneneinstrahlung fördern das Auftreten der Spinnmilbe. Eine gute Bewässerung und ein luftiger Stand mindern den Befall. Abgefallenes Laub und Schnittreste sollten entfernt werden, da an diesen die weiblichen Tiere überwintern.

Blattläuse

Blattläuse saugen an jungen Trieben und an Blütenknospen. Bei warmer Witterung können sie sich massiv vermehren. Der Neuaustrieb und die Pflanzenentwicklung werden gehemmt und es kann zur Deformation von Trieben, Blütenknospen und Blättern kommen. Der Blattlausbefall tritt in Schüben auf und schädigt die Pflanzen meistens nicht stark. Nützlinge dezimieren die Läuse und oft reicht schon ein scharfer Wasserstrahl, um die Blattläuse zu entfernen.

Fotos: Bernd Schaefer

Rosenzikaden

Durch die Saugtätigkeit der zwei bis drei Millimeter großen Larven der Rosenzikade an den Unterseiten der Blätter entstehen an deren Oberseite weißliche Sprenkel, die meistens in der Nähe der Blattadern beginnen. Rosenzikaden treten in zwei Generationen pro Jahr von Mai bis Juli und gegen Ende August bis September auf. Rosen an sehr sonnigen Standorten zeigen besonders starke Saugschäden. Bei Berührung der Rosenpflanzen schwirren oft Schwärme von Zikaden davon. Gründlicher Rückschnitt im Herbst mindert den Befall, da die Zikade in den Trieben überwintert.

Foto: Bernd Schaefer

Rosenblattrollwespen

Die Rosenblattrollwespe legt ihre Eier am Blattrand ab, der dadurch anschwillt, das Blatt rollt sich ein. Anfangs ist in den gerollten Blättern nichts zu erkennen, später kann man die zunächst weißlichen, später hellgrünen Larven beobachten. Sie fressen das Blattgewebe im Innern der gerollten Blätter und bringen sie so allmählich zum Absterben. Ausgewachsene Larven lassen sich etwa im Juli zu Boden fallen, spinnen sich in einen Kokon ein und verpuppen sich im Frühjahr. Im Allgemeinen reicht es aus, gerollte Blätter möglichst früh zu entfernen und zu beseitigen. Sorten mit hellgrünen Blättern werden stärker befallen.

Fotos: Bernd Schaefer

Rosentriebbohrer

Rosentriebbohrer sind Larven verschiedener Blattwespenarten, die den Rosentrieb von innen ausfressen. Zu unterscheiden sind der Aufwärtssteigende Rosentriebbohrer und der Abwärtssteigende Rosentriebbohrer, die sich in den entsprechenden Richtungen durch den Trieb fressen. Der Befall zeigt sich durch welkende, teils bogenförmig gekrümmte Triebspitzen. Die Bohrlöcher finden sich oft über einem Blattansatz oder unter einem Stachel, manchmal ist auch das Bohrmehl zu erkennen. Befallene Triebe müssen bis in das gesunde Holz abgeschnitten und vernichtet werden.

Foto: Bernd Schaefer

Blattschneiderbienen

An den Blatträndern sind ovale bis runde Blattstücke herausgeschnitten, die die Schneiderbienen zum Nestbau in altem Holz oder in Erdröhren verwenden. Besonders Rosensorten mit hellgrünen, dünnen Blättern werden verstärkt von Schneiderbienen befallen. Der Befall kann toleriert werden, da die Pflanzen nach einem ersten Befall bei guter Pflege problemlos weiterwachsen.

Foto: Burkhard Spellerberg

Bodenmüdigkeit

Werden Rosen an einer Stelle gepflanzt, an der zuvor über Jahrzehnte schon Rosen gestanden haben, wachsen die neuen Pflanzen oft nur kümmerlich. Die Triebe entwickeln sich langsam, die Wurzeln sind schwach und verbräunen. Diese sogenannte „Bodenmüdigkeit" bei Rosen ist noch nicht vollständig erforscht. Es wird jedoch vermutet, dass Rosen, die sehr lange an einer Stelle stehen, schädigende Substanzen über die Wurzel ausscheiden, die das Kümmern nachgepflanzter Rosen verursachen können.

Bei der Verwendung von gesunden und wuchsstarken Neuzüchtungen tritt dieses Problem seltener auf. Allerdings muss auch beim Nachpflanzen solcher Rosen der Boden mindestens zwei Spatenstiche tief gelockert und von allen Pflanzenresten der früheren Rosen befreit werden. Das Pflanzloch wird mit etwa 20 Litern Rindenhumus oder zugekaufter Pflanzerde aufgefüllt und gut mit der umgebenden Erde vermischt.

Erfahrungen aus dem Rosarium Zweibrücken haben gezeigt, dass die Zugabe spezieller Bodenhilfsstoffe zur Pflanzerde die Auswirkungen der Bodenmüdigkeit bei Rosen weitgehend ausschalten kann. Solche Bodenhilfsstoffe enthalten Bakterien und Pilze, die das Bodenleben und die Wurzelbildung fördern.

ADR – Allgemeine Deutsche Rosenneuheitenprüfung

Beurteilung von Zierwert und Widerstandsfähigkeit

Schon 1949 gab es eine solche Fülle von Rosensorten, dass das Sortiment nur noch schwer zu überblicken war. Daher regten die Rosenzüchter an, Neuheiten zu prüfen und zu bewerten, damit sie entsprechend ihrer Eigenschaften eingesetzt werden können. Wilhelm Kordes gründete vor 60 Jahren die ADR-Prüfung.

ADR-Arbeitskreis

Heute ist die ADR ein Arbeitskreis aus Vertretern des Bund deutscher Baumschulen (BdB), Rosenzüchtern und den Vertretern der unabhängigen Prüfungsgärten. Das Bundessortenamt wertet die Sichtungsergebnisse der ADR-Prüfung aus und die Ergebnisse werden jährlich auf einer gemeinsamen Tagung diskutiert.

Bewertung

Die Züchtungsziele haben sich im Lauf der Zeit immer wieder geändert. So entstanden neue Farben, Blütenformen und unterschiedliche Wuchsformen. Die ADR-Prüfung hat sich stets an den gewandelten Ansprüchen orientiert, um den Gartenwert von Rosen zu bewerten. Die Neuheiten werden jeweils über drei Jahre an elf Standorten beobachtet und auf Verwendungseigenschaften wie Widerstandsfähigkeit, Winterhärte, Reichblütigkeit, Wirkung der Blüte, Duft und Gesamteindruck geprüft.

Gesundheit

Schwerpunkt der Prüfung ist vor allem die Widerstandsfähigkeit gegen Krankheiten und Schädlinge. Die ADR-Prüfsorten wachsen an den elf Standorten ohne Pflanzenschutzmittel, um Gesundheit und Zierwert der Neuheiten anhand ihrer natürlichen Eigenschaften beurteilen zu können. Das ADR-Zeichen wird einer Sorte bei Erreichen einer Mindestpunktzahl verliehen. Einer ADR-Rose kann das Zeichen aber wieder aberkannt werden, wenn sie nach einer Reihe von Jahren ihre guten Eigenschaften, besonders Gesundheit, verliert.

ADR-Sorten

Seit Beginn der ADR-Prüfung wurden mittlerweile über 2.000 Sorten getestet. Jedes Jahr werden etwa 50 Sorten aller Rosenklassen geprüft. In der aktuellen ADR-Liste (Stand Dezember 2012) werden 153 Rosen geführt.

Im Hinblick auf die umweltschonende Produktion und Verwendung von Rosen für die private und öffentliche Grüngestaltung trägt die ADR-Prüfung wesentlich dazu bei, dass Produzenten und Verbrauchern fundierte Informationen zur Beurteilung und Verwendung des Rosensortimentes an die Hand gegeben werden.

7 Gegen Pilzkrankheiten widerstandsfähige Sorten

Rosensorten sind zum Teil anfällig für die weitverbreiteten Pilzkrankheiten Echter Mehltau, Falscher Mehltau, Sternrußtau oder Rost. Der Falsche Mehltau tritt eigentlich nur während der Anzucht und sehr selten am Endstandort auf. Die Befallsstärke ist abhängig von der genetisch bedingten Widerstandsfähigkeit der Rosensorte und wird besonders beeinflusst von äußeren Faktoren wie Witterungsverlauf, Bodenqualität, Pflege und dem Abstand zu Nachbarpflanzen.

Dank der Züchtung gibt es heute eine größere Zahl widerstandsfähiger Rosensorten. Aber auch diese Sorten bleiben über viele Jahre nur dann gesund, wenn Standort, Boden und Pflege optimal sind. Nachfolgend sind Sorten genannt, die sich in der gärtnerischen Praxis und in Sortenprüfungen bewährt haben oder denen das ADR-Qualitätszeichen verliehen worden ist. Darüber hinaus werden auch Sorten mit einer mittleren Widerstandsfähigkeit beschrieben, auf die wegen ihrer sehr schönen Blüte im Privatgarten nicht verzichtet werden sollte.

Die Widerstandsfähigkeit der Rosensorten wird in diesem Heft in vier Gruppen unterteilt. Es sind Rosensorten aufgelistet worden, von denen zumindest eine mittlere Widerstandsfähigkeit erwartet werden kann. Zur Beurteilung wurden mehrjährige Erfahrungen aus der Sortenprüfung beim Bundessortenamt, Erkenntnisse aus der ADR-Prüfung und Hinweise aus der Praxis herangezogen.

Gruppe 1: Widerstandsfähigkeit „sehr hoch"

Nur wenige Sorten lassen sich hier zuordnen. Diese Sorten haben sich über mehrere Jahre als sehr gesund gezeigt. Ein Einsatz von chemischen Pflanzenschutzmitteln ist nicht erforderlich.

Gruppe 2: Widerstandsfähigkeit „hoch"

Sorten, die sich als besonders widerstandsfähig gegen Echten Mehltau, Sternrußtau und Rosenrost gezeigt haben. Einsatz von chemischen Pflanzenschutzmitteln gegen diese Erkrankungen ist bei ihnen in der Regel nicht erforderlich. In Jahren mit starkem Befallsdruck kann leichter Befall auftreten. Dieser wird jedoch von den Pflanzen aus eigener Kraft durch Überwachsen überwunden.

Gruppe 3: Widerstandsfähigkeit „mittel bis hoch"

Diese Sorten können bei starkem Befallsdruck – dieser kann zum Beispiel bei Zusammentreffen von langen Regenphasen, hoher Luftfeuchte, starkem Temperaturwechsel und durch Schattenwirkung von Nachbarpflanzen auftreten – mit umweltverträglichen, zugelassenen Mitteln gegen Krankheiten behandelt werden. Außerdem kann die Widerstandsfähigkeit durch gärtnerisch-hygienische Pflege- und Kulturmaßnahmen wie Düngung, Sommerschnitt und Winterschnitt gestärkt werden. Chemischer Pflanzenschutz ist meistens nicht erforderlich.

Gruppe 4: Widerstandsfähigkeit „mittel"

Diese Sorten werden bei erhöhtem Befallsdruck von Krankheiten befallen. Pflanzenschutzmitteleinsatz, der umweltschonend ausgerichtet sein sollte, führt schon bei geringer Anwendung zu einer deutlichen Verbesserung der Wuchskraft. Die in dieser Gruppe genannten Sorten weisen besondere Wuchseigenschaften wie Blütenform oder Duft auf, sodass auf sie im Garten noch nicht verzichtet werden kann.

Sortenschutz

Bei nahezu allen Rosensorten besteht Sortenschutz oder Markenschutz. Informationen zum Sortenschutz können beim Bundessortenamt oder beim Gemeinschaftlichen Sortenamt eingeholt werden. Bei nach dem Sortenschutz geschützten Rosensorten kann es zusätzlich zur Sortenbezeichnung einen eingetragenen Markennamen geben.

7.1 Edelrosen

Aachener Dom

Blütenfarbe	rosa
Blütenfüllung	gefüllt
Wuchsform	buschig 
Höhe/Breite	80/60 cm
Widerstandsfähigkeit	mittel
Duft	reichlich
Sonstiges	große Blüte

Foto: Susanne Haslage

Alexander

Blütenfarbe	rot
Blütenfüllung	gefüllt
Wuchsform	aufrecht buschig

Höhe/Breite	100/60 cm
Widerstandsfähigkeit	mittel
Duft	leicht
Sonstiges	edle Blüte

Foto: Burkhard Spellerberg

Alexandrine

Blütenfarbe	hellrosa
Blütenfüllung	stark gefüllt
Wuchsform	buschig

Höhe/Breite	70/80 cm
Widerstandsfähigkeit	mittel
Duft	intensiv
Sonstiges	sehr schöne Blütenform und -farbe

Foto: BKN-Strobel Werkbild

Ambiente

Blütenfarbe	cremeweiß/hellgelb
Blütenfüllung	gefüllt
Wuchsform	aufrecht buschig

Höhe/Breite	80/60 cm
Widerstandsfähigkeit	mittel bis hoch
Duft	kein Duft
Sonstiges	sehr schöne Blüte

Foto: Burkhard Spellerberg

Apéritif

Blütenfarbe	gelb
Blütenfüllung	gefüllt
Wuchsform	aufrecht buschig

Höhe/Breite	90/60 cm
Widerstandsfähigkeit	mittel bis hoch
Duft	leicht
Sonstiges	leuchtende Blütenfarbe

Foto: Burkhard Spellerberg

Augusta Luise

Blütenfarbe	rosa bis apricot
Blütenfüllung	gefüllt
Wuchsform	aufrecht buschig

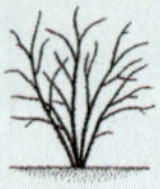

Höhe/Breite	100/70 cm
Widerstandsfähigkeit	mittel bis hoch
Duft	intensiv
Sonstiges	sehr schöne Blüte, reich blühend

Foto: Susanne Haslage

Banzai

Blütenfarbe	gelb gemischt
Blütenfüllung	gefüllt
Wuchsform	breit buschig

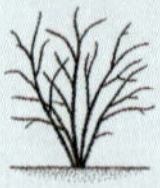

Höhe/Breite	80/60 cm
Widerstandsfähigkeit	mittel bis hoch
Duft	kein Duft
Sonstiges	auch für Schnitt

Foto: Burkhard Spellerberg

Barkarole

Blütenfarbe	dunkelrot
Blütenfüllung	gefüllt
Wuchsform	aufrecht buschig 
Höhe/Breite	110/60 cm
Widerstandsfähigkeit	mittel
Duft	intensiv
Sonstiges	edle Blüte, auch für Schnitt

Foto: Susanne Haslage

Berolina

Blütenfarbe	gelb
Blütenfüllung	gefüllt
Wuchsform	aufrecht buschig 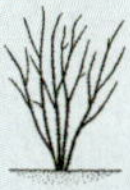
Höhe/Breite	130/70 cm
Widerstandsfähigkeit	hoch
Duft	leicht
Sonstiges	auch für Schnitt

Foto: Kordes Werkbild

Beverly

Blütenfarbe	zartrosa
Blütenfüllung	gefüllt
Wuchsform	aufrecht buschig 
Höhe/Breite	80/60 cm
Widerstandsfähigkeit	hoch
Duft	reichlich
Sonstiges	sehr schöne Blüte

Foto: Kordes Werkbild

Burgund 81

Blütenfarbe	dunkelrot
Blütenfüllung	gefüllt
Wuchsform	aufrecht buschig

Höhe/Breite	100/70 cm
Widerstandsfähigkeit	mittel bis hoch
Duft	intensiv
Sonstiges	auch für Schnitt

Foto: Burkhard Spellerberg

Candlelight

Blütenfarbe	dunkelgelb
Blütenfüllung	gefüllt
Wuchsform	breit buschig

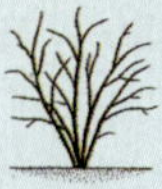

Höhe/Breite	90/70 cm
Widerstandsfähigkeit	mittel bis hoch
Duft	kein Duft
Sonstiges	sehr schöne Blüte

Foto: Burkhard Spellerberg

Caprice de Meilland

Blütenfarbe	dunkelrosa
Blütenfüllung	stark gefüllt
Wuchsform	aufrecht buschig

Höhe/Breite	100/60 cm
Widerstandsfähigkeit	mittel
Duft	überragend
Sonstiges	sehr schöne Blüte

Foto: BKN Strobel Werkbild

Charisma

Blütenfarbe	karminrot
Blütenfüllung	gefüllt
Wuchsform	aufrecht buschig
	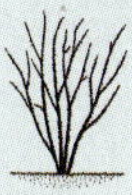
Höhe/Breite	80/70 cm
Widerstandsfähigkeit	hoch
Duft	reichlich
Sonstiges	sehr schöne Blüte, auch für Schnitt ADR-Rose

Foto: Reinhard Noack

Cherry Brandy

Blütenfarbe	bronzegelb gemischt
Blütenfüllung	gemischt
Wuchsform	aufrecht buschig
	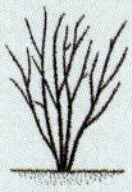
Höhe/Breite	80/60 cm
Widerstandsfähigkeit	mittel
Duft	intensiv
Sonstiges	auch für Schnitt, gering frostempfindlich

Foto: Tantau Werkbild

Christel von der Post

Blütenfarbe	gelb
Blütenfüllung	gefüllt
Wuchsform	aufrecht buschig

Höhe/Breite	100/80 cm
Widerstandsfähigkeit	mittel
Duft	leicht
Sonstiges	auch für Schnitt

Foto: Kordes Werkbild

Christoph Columbus

Blütenfarbe	orange
Blütenfüllung	gefüllt
Wuchsform	aufrecht buschig

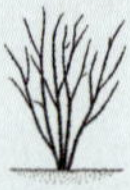

Höhe/Breite	100/80 cm
Widerstandsfähigkeit	mittel bis hoch
Duft	intensiv
Sonstiges	edle Blüte, sanfte Farbe

Foto: Burkhard Spellerberg

Duftfestival

Blütenfarbe	samtrot
Blütenfüllung	stark gefüllt
Wuchsform	aufrecht buschig

Höhe/Breite	70/60 cm
Widerstandsfähigkeit	mittel
Duft	überragend
Sonstiges	sehr schöne Blüte

Foto: BKN-Strobel Werkbild

Duftgold

Blütenfarbe	gelb
Blütenfüllung	stark gefüllt
Wuchsform	aufrecht buschig

Höhe/Breite	70/60 cm
Widerstandsfähigkeit	mittel
Duft	intensiv
Sonstiges	große Blüte

Foto: Tantau Werkbild

Duftrausch

Blütenfarbe	rot
Blütenfüllung	gefüllt
Wuchsform	aufrecht buschig

Höhe/Breite	100/60 cm
Widerstandsfähigkeit	mittel
Duft	sehr intensiv
Sonstiges	auch für Schnitt

Foto: Tantau Werkbild

Duftzauber 84

Blütenfarbe	scharlachrot
Blütenfüllung	gefüllt
Wuchsform	aufrecht buschig

Höhe/Breite	90/60 cm
Widerstandsfähigkeit	mittel
Duft	intensiv
Sonstiges	sehr schöne Duftrose

Foto: Kordes Werkbild

Elbflorenz

Blütenfarbe	altrosa bis rosarot
Blütenfüllung	stark gefüllt
Wuchsform	aufrecht buschig

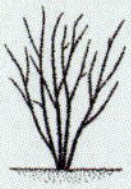

Höhe/Breite	90/70 cm
Widerstandsfähigkeit	hoch
Duft	reichlich
Sonstiges	sehr schöne Blüte ADR-Rose

Foto: BKN-Strobel Werkbild

Elina

Blütenfarbe	hellgelb
Blütenfüllung	gefüllt
Wuchsform	aufrecht buschig

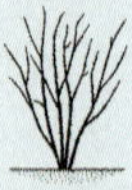

Höhe/Breite	100/60 cm
Widerstandsfähigkeit	mittel
Duft	leicht
Sonstiges	sehr schöne Blüte

Foto: Susanne Haslage

Eliza

Blütenfarbe	rosa bis silbrigrosa
Blütenfüllung	gefüllt
Wuchsform	aufrecht buschig

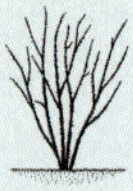

Höhe/Breite	100/70 cm
Widerstandsfähigkeit	hoch
Duft	leicht
Sonstiges	sehr schöne Blüte ADR-Rose

Foto: Kordes Werkbild

Focus

Blütenfarbe	lachsrosa
Blütenfüllung	gefüllt
Wuchsform	aufrecht buschig

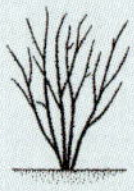

Höhe/Breite	70/60 cm
Widerstandsfähigkeit	mittel bis hoch
Duft	kein Duft
Sonstiges	sehr schöne Blüte

Foto: Susanne Haslage

Gloria Dei

Blütenfarbe	gelb gemischt
Blütenfüllung	gefüllt
Wuchsform	aufrecht buschig

Höhe/Breite	100/60 cm
Widerstandsfähigkeit	mittel bis hoch
Duft	leicht
Sonstiges	altbekannte Sorte

Foto: Thomas Lolling

Grande Amore

Blütenfarbe	dunkelrot
Blütenfüllung	stark gefüllt
Wuchsform	aufrecht buschig

Höhe/Breite	90/50 cm
Widerstandsfähigkeit	hoch
Duft	leicht
Sonstiges	sehr schöne Blüte ADR-Rose

Foto: Kordes Werkbild

Grande Classe

Blütenfarbe	samtig rot
Blütenfüllung	gefüllt
Wuchsform	aufrecht buschig

Höhe/Breite	90/70 cm
Widerstandsfähigkeit	mittel bis hoch
Duft	reichlich
Sonstiges	sehr schöne Blüte

Foto: Burkhard Spellerberg

Hamburger Deern

Blütenfarbe	lachsrosa
Blütenfüllung	gefüllt
Wuchsform	aufrecht buschig

Höhe/Breite	70/60 cm
Widerstandsfähigkeit	mittel bis hoch
Duft	leicht
Sonstiges	leuchtende Blütenfarbe

Foto: Susanne Haslage

Heidi Klum Rose

Blütenfarbe	violett
Blütenfüllung	stark gefüllt
Wuchsform	aufrecht buschig

Höhe/Breite	60/50 cm
Widerstandsfähigkeit	mittel
Duft	intensiv
Sonstiges	sehr schöne Blüte

Foto: Burkhard Spellerberg

Herz Dame

Blütenfarbe	rot
Blütenfüllung	gefüllt
Wuchsform	aufrecht buschig

Höhe/Breite	70/60 cm
Widerstandsfähigkeit	mittel bis hoch
Duft	leicht
Sonstiges	leuchtende Blütenfarbe

Foto: Susanne Haslage

Honoré de Balzac

Blütenfarbe	zartrosa
Blütenfüllung	stark gefüllt
Wuchsform	aufrecht buschig

Höhe/Breite	90/70 cm
Widerstandsfähigkeit	mittel
Duft	reichlich
Sonstiges	sehr schöne Blüte

Foto: Burkhard Spellerberg

Ingrid Bergmann

Blütenfarbe	dunkelrot
Blütenfüllung	gefüllt
Wuchsform	aufrecht buschig

Höhe/Breite	80/60 cm
Widerstandsfähigkeit	mittel bis hoch
Duft	reichlich
Sonstiges	sehr schöne Blüte

Foto: Burkhard Spellerberg

Inspiration

Blütenfarbe	apricot bis gelborange
Blütenfüllung	gefüllt
Wuchsform	aufrecht buschig

Höhe/Breite	80/50 cm
Widerstandsfähigkeit	hoch
Duft	kein Duft
Sonstiges	sehr schöne Blüte ADR-Rose

Foto: Burkhard Spellerberg

Johann Strauß

Blütenfarbe	pfirsichfarben
Blütenfüllung	gefüllt
Wuchsform	aufrecht buschig

Höhe/Breite	70/60 cm
Widerstandsfähigkeit	mittel
Duft	reichlich
Sonstiges	sehr schöne Blüte

Foto: Susanne Haslage

Jubilé du Prince de Monaco

Blütenfarbe	weiß mit rotem Rand
Blütenfüllung	gefüllt
Wuchsform	aufrecht buschig

Höhe/Breite	70/60 cm
Widerstandsfähigkeit	mittel
Duft	kein Duft
Sonstiges	sehr schöne Blüte

Foto: Susanne Haslage

Kupferkönigin

Blütenfarbe	kupfergelb
Blütenfüllung	gefüllt
Wuchsform	aufrecht buschig

Höhe/Breite	90/60 cm
Widerstandsfähigkeit	mittel
Duft	kein Duft
Sonstiges	ansprechende Blütenfarbe

Foto: Susanne Haslage

La Perla

Blütenfarbe	cremefarben
Blütenfüllung	stark gefüllt
Wuchsform	aufrecht buschig

Höhe/Breite	100/70 cm
Widerstandsfähigkeit	hoch
Duft	leicht
Sonstiges	sehr schöne Blüte ADR-Rose

Foto: Kordes Werkbild

Lady Like

Blütenfarbe	karminrosa
Blütenfüllung	gefüllt
Wuchsform	aufrecht buschig

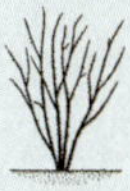

Höhe/Breite	80/60 cm
Widerstandsfähigkeit	mittel
Duft	intensiv
Sonstiges	auch für Schnitt

Foto: Burkhard Spellerberg

Landora

Blütenfarbe	gelb
Blütenfüllung	gefüllt
Wuchsform	aufrecht buschig

Höhe/Breite	90/60 cm
Widerstandsfähigkeit	mittel
Duft	reichlich
Sonstiges	auch für Schnitt

Foto: Burkhard Spellerberg

Las Vegas

Blütenfarbe	orange
Blütenfüllung	gefüllt
Wuchsform	aufrecht buschig

Höhe/Breite	90/60 cm
Widerstandsfähigkeit	mittel
Duft	leicht
Sonstiges	sehr schöne Blüte, auch für Schnitt

Foto: Burkhard Spellerberg

Mainauduft

Blütenfarbe	rosarot
Blütenfüllung	stark gefüllt
Wuchsform	aufrecht buschig

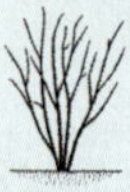

Höhe/Breite	90/60 cm
Widerstandsfähigkeit	mittel
Duft	sehr intensiv
Sonstiges	sehr schöne Blüte

Foto: BKN-Strobel Werkbild

Mariatheresia

Blütenfarbe	zartrosa
Blütenfüllung	stark gefüllt
Wuchsform	aufrecht buschig

Höhe/Breite	80/60 cm
Widerstandsfähigkeit	mittel bis hoch
Duft	leicht
Sonstiges	sehr ansprechende Blüte

Foto: Tantau Werkbild

Memoire

Blütenfarbe	weiß
Blütenfüllung	gefüllt
Wuchsform	aufrecht buschig

Höhe/Breite	90/60 cm
Widerstandsfähigkeit	mittel bis hoch
Duft	leicht
Sonstiges	sehr schöne Blüte, auch für Schnitt

Foto: Kordes Werkbild

Nostalgie

Blütenfarbe	cremeweiß, zu Beginn rosarot
Blütenfüllung	gefüllt
Wuchsform	aufrecht buschig

Höhe/Breite	80/60 cm
Widerstandsfähigkeit	mittel bis hoch
Duft	kein Duft
Sonstiges	sehr schöne Blüte

Foto: Burkhard Spellerberg

Parole

Blütenfarbe	kräftig rosa mit lila Ton
Blütenfüllung	gefüllt
Wuchsform	aufrecht buschig

Höhe/Breite	90/60 cm
Widerstandsfähigkeit	mittel bis hoch
Duft	sehr intensiv
Sonstiges	ansprechende Blüte

Foto: Burkhard Spellerberg

Philippe Noiret

Blütenfarbe	bernsteinfarben
Blütenfüllung	stark gefüllt
Wuchsform	aufrecht buschig

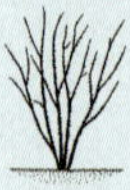

Höhe/Breite	90/60 cm
Widerstandsfähigkeit	mittel bis hoch
Duft	kein Duft
Sonstiges	sehr ansprechende Blütenfarbe

Foto: Burkhard Spellerberg

Piano

Blütenfarbe	leuchtend rot
Blütenfüllung	stark gefüllt
Wuchsform	aufrecht buschig

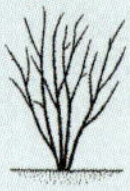

Höhe/Breite	120/70 cm
Widerstandsfähigkeit	mittel bis hoch
Duft	leicht
Sonstiges	sehr ansprechende Blüte

Foto: Tantau Werkbild

Pink Paradise

Blütenfarbe	leuchtend rosa, gelbe Mitte
Blütenfüllung	gefüllt
Wuchsform	aufrecht buschig

Höhe/Breite	120/80 cm
Widerstandsfähigkeit	hoch
Duft	reichlich
Sonstiges	sehr schöne Blüte ADR-Rose

Foto: Burkhard Spellerberg

Poker

Blütenfarbe	weiß mit rosa Ton
Blütenfüllung	stark gefüllt
Wuchsform	aufrecht buschig

Höhe/Breite	70/50 cm
Widerstandsfähigkeit	mittel bis hoch
Duft	intensiv
Sonstiges	sehr ansprechende Blüte

Foto: Susanne Haslage

Polarstern

Blütenfarbe	weiß
Blütenfüllung	gefüllt
Wuchsform	aufrecht buschig

Höhe/Breite	90/60 cm
Widerstandsfähigkeit	mittel
Duft	kein Duft
Sonstiges	große edle Blüte

Foto: Tantau Werkbild

Porta Nigra

Blütenfarbe	dunkelrot
Blütenfüllung	gefüllt
Wuchsform	aufrecht buschig

Höhe/Breite	90/60 cm
Widerstandsfähigkeit	mittel
Duft	leicht
Sonstiges	sehr schöne Blüte

Foto: Susanne Haslage

Pullmann Orient Express

Blütenfarbe	gelb bis rosarot gemischt
Blütenfüllung	gefüllt
Wuchsform	aufrecht buschig

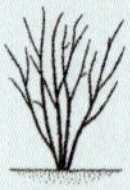

Höhe/Breite	110/60 cm
Widerstandsfähigkeit	mittel bis hoch
Duft	leicht
Sonstiges	sehr ansprechende Blüte

Foto: Burkhard Spellerberg

Queen Elizabeth

Blütenfarbe	leuchtend rosa
Blütenfüllung	gefüllt
Wuchsform	aufrecht buschig

Höhe/Breite	120/60 cm
Widerstandsfähigkeit	hoch
Duft	leicht
Sonstiges	ansprechende Blütenfarbe, bewährte Sorte

Foto: Kordes Werkbild

Rebell

Blütenfarbe	leuchtend rot
Blütenfüllung	gefüllt
Wuchsform	aufrecht buschig

Höhe/Breite	100/60 cm
Widerstandsfähigkeit	mittel
Duft	leicht
Sonstiges	sehr schöne Blüte

Foto: Burkhard Spellerberg

Rosemary Harkness

Blütenfarbe	orangegelb bis lachsrosa
Blütenfüllung	gefüllt
Wuchsform	aufrecht buschig

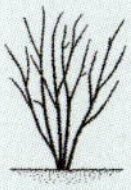

Höhe/Breite	100/60 cm
Widerstandsfähigkeit	mittel bis hoch
Duft	reichlich
Sonstiges	sehr schöne Blüte

Foto: Burkhard Spellerberg

Sachsenperle

Blütenfarbe	zartrosa
Blütenfüllung	gefüllt
Wuchsform	aufrecht buschig

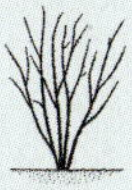

Höhe/Breite	90/60 cm
Widerstandsfähigkeit	mittel bis hoch
Duft	leicht
Sonstiges	ansprechende Blütenfarbe

Foto: Burkhard Spellerberg

Schloss Ippenburg

Blütenfarbe	cremefarben bis zartrosa
Blütenfüllung	gefüllt
Wuchsform	aufrecht buschig

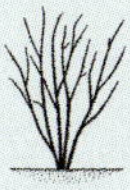

Höhe/Breite	90/60 cm
Widerstandsfähigkeit	hoch
Duft	reichlich
Sonstiges	sehr ansprechende Blüte ADR-Rose

Foto: BKN-Strobel Werkbild

Sebastian Kneipp

Blütenfarbe	cremeweiß
Blütenfüllung	stark gefüllt
Wuchsform	aufrecht buschig
Höhe/Breite	120/60 cm
Widerstandsfähigkeit	mittel bis hoch
Duft	reichlich
Sonstiges	nostalgische Blüte

Foto: Kordes Werkbild

Souvenir de Baden-Baden

Blütenfarbe	cremefarben bis hellrosa
Blütenfüllung	stark gefüllt
Wuchsform	aufrecht buschig
Höhe/Breite	100/70 cm
Widerstandsfähigkeit	hoch
Duft	leicht
Sonstiges	sehr schöne Blüte ADR-Rose

Foto: Kordes Werkbild

Speelwark

Blütenfarbe	gelb bis gelborange gemischt
Blütenfüllung	gefüllt
Wuchsform	aufrecht buschig
Höhe/Breite	90/60 cm
Widerstandsfähigkeit	mittel bis hoch
Duft	reichlich
Sonstiges	vielfältige Blütenfarbe

Foto: Burkhard Spellerberg

Sterntaler

Blütenfarbe	gelb mit rosa Ton
Blütenfüllung	gefüllt
Wuchsform	aufrecht buschig

Höhe/Breite	110/70 cm
Widerstandsfähigkeit	mittel bis hoch
Duft	reichlich
Sonstiges	sehr schöne Blüte

Foto: Burkhard Spellerberg

Sunny Sky

Blütenfarbe	gelb, außen rosa Ton
Blütenfüllung	gefüllt
Wuchsform	aufrecht buschig

Höhe/Breite	120/60 cm
Widerstandsfähigkeit	hoch
Duft	leicht
Sonstiges	sehr schöne Blüte

Foto: Kordes Werkbild

Tea Time

Blütenfarbe	kupferorange
Blütenfüllung	gefüllt
Wuchsform	aufrecht buschig

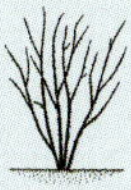

Höhe/Breite	70/60 cm
Widerstandsfähigkeit	mittel bis hoch
Duft	kein Duft
Sonstiges	sehr schöne Blüte

Foto: Susanne Haslage

Valencia

Blütenfarbe	kupfergelb
Blütenfüllung	gefüllt
Wuchsform	aufrecht buschig
Höhe/Breite	100/70 cm
Widerstandsfähigkeit	mittel bis hoch
Duft	reichlich
Sonstiges	sehr schöne Blüte

Foto: Burkhard Spellerberg

Violina

Blütenfarbe	zartrosa
Blütenfüllung	stark gefüllt
Wuchsform	aufrecht buschig
Höhe/Breite	90/60 cm
Widerstandsfähigkeit	mittel bis hoch
Duft	leicht
Sonstiges	sehr schöne Blüte

Foto: Tantau Werkbild

7.2 Beetrosen

Alea

Blütenfarbe leuchtend rosa
Blütenfüllung stark gefüllt
Wuchsform buschig

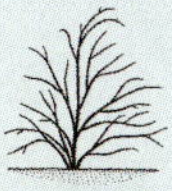

Höhe/Breite 80/80 cm
Widerstandsfähigkeit hoch
Sonstiges leuchtende Blütenfarbe
ADR-Rose

Foto: Burkhard Spellerberg

Amber Queen

Blütenfarbe bernsteingelb
Blütenfüllung stark gefüllt
Wuchsform buschig

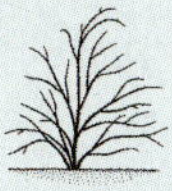

Höhe/Breite 60/60 cm
Widerstandsfähigkeit mittel bis hoch
Sonstiges sehr schöne Blütenfarbe

Foto: Burkhard Spellerberg

Aprikola

Blütenfarbe gelborange/aprikosenfarbig
Blütenfüllung gefüllt
Wuchsform buschig

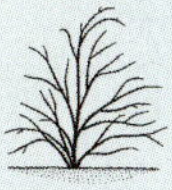

Höhe/Breite 60/40 cm
Widerstandsfähigkeit hoch
Sonstiges sehr schöne Blütenfarbe
ADR-Rose

Foto: Burkhard Spellerberg

Aspirin-Rose

Blütenfarbe	weiß/hellrosa
Blütenfüllung	gefüllt
Wuchsform	buschig

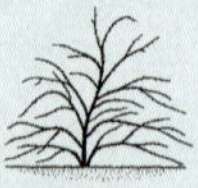

Höhe/Breite	60/60 cm
Widerstandsfähigkeit	hoch
Sonstiges	sehr schöne Blüte ADR-Rose

Foto: Burkhard Spellerberg

Bad Birnbach

Blütenfarbe	karminrosa
Blütenfüllung	halb gefüllt
Wuchsform	breit buschig

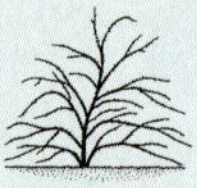

Höhe/Breite	40/60 cm
Widerstandsfähigkeit	hoch
Sonstiges	sehr schöne Blüte ADR-Rose

Foto: Burkhard Spellerberg

Bad Wörishofen 2005

Blütenfarbe	karminrosa
Blütenfüllung	halb gefüllt
Wuchsform	breit buschig

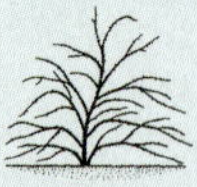

Höhe/Breite	60/60 cm
Widerstandsfähigkeit	hoch
Sonstiges	reich blühend, schöne Blüte, duftend ADR-Rose

Foto: Burkhard Spellerberg

Bayernland

Blütenfarbe	hellrosa
Blütenfüllung	halb gefüllt
Wuchsform	buschig

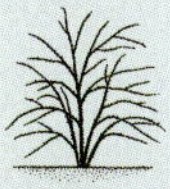

Höhe/Breite	40/40 cm
Widerstandsfähigkeit	mittel bis hoch
Sonstiges	kompakter Wuchs ADR-Rose

Foto: Burkhard Spellerberg

Bengali

Blütenfarbe	orangegelb bis apricot
Blütenfüllung	gefüllt
Wuchsform	buschig

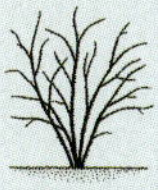

Höhe/Breite	100/60 cm
Widerstandsfähigkeit	mittel bis hoch
Sonstiges	ansprechende Blütenfarbe ADR-Rose

Foto: Burkhard Spellerberg

Bernstein Rose

Blütenfarbe	bernsteingelb
Blütenfüllung	gefüllt
Wuchsform	buschig

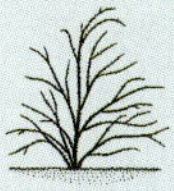

Höhe/Breite	80/60 cm
Widerstandsfähigkeit	mittel
Sonstiges	besondere Farbe, duftend

Foto: Tantau Werkbild

Black Forest Rose

Blütenfarbe	leuchtend rot
Blütenfüllung	halb gefüllt
Wuchsform	breit buschig

Höhe/Breite	100/90 cm
Widerstandsfähigkeit	hoch
Sonstiges	sehr schöne Blütenfarbe ADR-Rose

Foto: Kordes Werkbild

Bonita Renaissance

Blütenfarbe	rosa bis orange
Blütenfüllung	gefüllt
Wuchsform	buschig

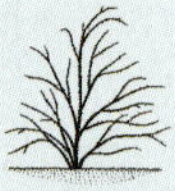

Höhe/Breite	80/60 cm
Widerstandsfähigkeit	mittel bis hoch
Sonstiges	sehr schöne Blüte, duftend

Foto: Burkhard Spellerberg

Botticelli

Blütenfarbe	lachsrosa
Blütenfüllung	stark gefüllt
Wuchsform	buschig

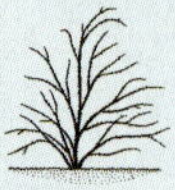

Höhe/Breite	80/60 cm
Widerstandsfähigkeit	mittel bis hoch
Sonstiges	reich blühend, schöne Blüte, duftend

Foto: Burkhard Spellerberg

Brautzauber

Blütenfarbe	weiß
Blütenfüllung	halb gefüllt
Wuchsform	breit buschig

Höhe/Breite	80/60 cm
Widerstandsfähigkeit	hoch
Sonstiges	sehr schöne Blüte ADR-Rose

Foto: Burkhard Spellerberg

Canzonetta

Blütenfarbe	leuchtend rot
Blütenfüllung	halb gefüllt
Wuchsform	buschig

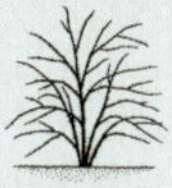

Höhe/Breite	60/60 cm
Widerstandsfähigkeit	hoch
Sonstiges	sehr schöne Blüte ADR-Rose

Foto: Burkhard Spellerberg

Celina

Blütenfarbe	gelb
Blütenfüllung	halb gefüllt
Wuchsform	breit buschig

Höhe/Breite	60/80 cm
Widerstandsfähigkeit	mittel bis hoch
Sonstiges	ansprechende Blüte ADR-Rose

Foto: Burkhard Spellerberg

Charles Austin

Blütenfarbe	aprikosenfarbig
Blütenfüllung	stark gefüllt
Wuchsform	buschig

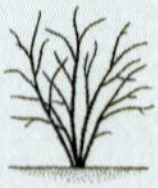

Höhe/Breite	120/80 cm
Widerstandsfähigkeit	mittel bis hoch
Sonstiges	duftende „Englische Rose"

Foto: Susanne Haslage

Charmant

Blütenfarbe	kräftig rosa
Blütenfüllung	gefüllt
Wuchsform	buschig

Höhe/Breite	60/70 cm
Widerstandsfähigkeit	hoch
Sonstiges	ansprechende Zwergrose ADR-Rose

Foto: Burkhard Spellerberg

Cherry Girl

Blütenfarbe	leuchtend rot
Blütenfüllung	stark gefüllt
Wuchsform	breit buschig

Höhe/Breite	100/70 cm
Widerstandsfähigkeit	hoch
Sonstiges	ansprechende Blüte ADR-Rose

Foto: Kordes Werkbild

Crescendo

Blütenfarbe	rosa
Blütenfüllung	stark gefüllt
Wuchsform	buschig

Höhe/Breite	70/60 cm
Widerstandsfähigkeit	hoch
Sonstiges	sehr schöne Blüte ADR-Rose

Foto: Burkhard Spellerberg

Criolo

Blütenfarbe	rosa
Blütenfüllung	halb gefüllt
Wuchsform	breit buschig

Höhe/Breite	70/70 cm
Widerstandsfähigkeit	hoch
Sonstiges	sehr schöne Blüte

Foto: Burkhard Spellerberg

Debüt

Blütenfarbe	gelb
Blütenfüllung	stark gefüllt
Wuchsform	breit buschig

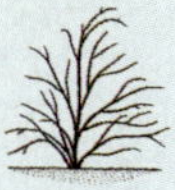

Höhe/Breite	70/70 cm
Widerstandsfähigkeit	mittel bis hoch
Sonstiges	sehr schöne Blüte ADR-Rose

Foto: Burkhard Spellerberg

Dolomiti

Blütenfarbe	Blütenrand rosarot, Mitte cremefarben
Blütenfüllung	halb gefüllt
Wuchsform	breit buschig

Höhe/Breite	100/90 cm
Widerstandsfähigkeit	hoch
Sonstiges	sehr schöne Blüte ADR-Rose

Foto: Burkhard Spellerberg

Elysium

Blütenfarbe	dunkelrosa
Blütenfüllung	stark gefüllt
Wuchsform	breit buschig

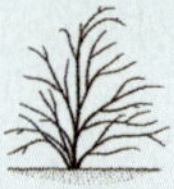

Höhe/Breite	100/90 cm
Widerstandsfähigkeit	hoch
Sonstiges	sehr schöne Rose ADR-Rose

Foto: Burkhard Spellerberg

Emil Nolde Rose

Blütenfarbe	kräftig gelb
Blütenfüllung	halb gefüllt
Wuchsform	buschig

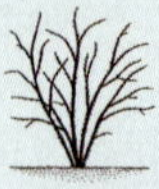

Höhe/Breite	100/90 cm
Widerstandsfähigkeit	mittel bis hoch
Sonstiges	sehr schöne Blüte

Foto: Burkhard Spellerberg

Famosa

Blütenfarbe	leuchtend rot
Blütenfüllung	halb gefüllt
Wuchsform	buschig

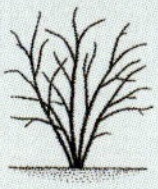

Höhe/Breite	70/60 cm
Widerstandsfähigkeit	hoch
Sonstiges	leuchtende Blütenfarbe

Foto: Burkhard Spellerberg

Flirt 2011

Blütenfarbe	leuchtend hellrosa
Blütenfüllung	halb gefüllt
Wuchsform	breit buschig

Höhe/Breite	50/70 cm
Widerstandsfähigkeit	hoch
Sonstiges	sehr schöne Blüte ADR-Rose

Foto: Burkhard Spellerberg

Fortuna

Blütenfarbe	dunkelrosa/rosa
Blütenfüllung	einfach
Wuchsform	breit buschig

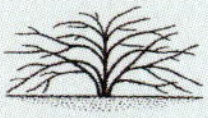

Höhe/Breite	50/60 cm
Widerstandsfähigkeit	hoch
Sonstiges	sehr schöne Blüte ADR-Rose

Foto: Burkhard Spellerberg

Friesia

Blütenfarbe	gelb
Blütenfüllung	gefüllt
Wuchsform	aufrecht

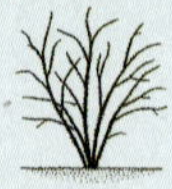

Höhe/Breite	70/50 cm
Widerstandsfähigkeit	mittel
Sonstiges	duftend, sehr schöne Blüte

Foto: Burkhard Spellerberg

Garden of Roses

Blütenfarbe	apricot bis pastellrosa
Blütenfüllung	stark gefüllt
Wuchsform	breit buschig

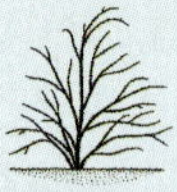

Höhe/Breite	60/60 cm
Widerstandsfähigkeit	mittel bis hoch
Sonstiges	sehr schöne Blütenfarbe ADR-Rose

Foto: Burkhard Spellerberg

Gebrüder Grimm

Blütenfarbe	orangerot/pfirsichfarben
Blütenfüllung	stark gefüllt
Wuchsform	breit buschig

Höhe/Breite	110/120 cm
Widerstandsfähigkeit	hoch
Sonstiges	wunderschöne Blüte ADR-Rose

Foto: Burkhard Spellerberg

Gelber Engel

Blütenfarbe	hellgelb, sichtbare Staubgefäße
Blütenfüllung	halb gefüllt
Wuchsform	aufrecht

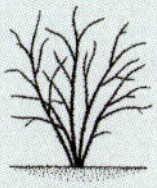

Höhe/Breite	90/90 cm
Widerstandsfähigkeit	hoch
Sonstiges	leuchtende Blütenfarbe ADR-Rose

Foto: Burkhard Spellerberg

Gletscherfee

Blütenfarbe	weiß bis cremefarben
Blütenfüllung	stark gefüllt
Wuchsform	buschig

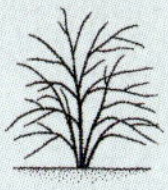

Höhe/Breite	120/100 cm
Widerstandsfähigkeit	hoch
Sonstiges	sehr schöne Blüte ADR-Rose

Foto: Burkhard Spellerberg

Golden Border

Blütenfarbe	leuchtend gelb
Blütenfüllung	stark gefüllt
Wuchsform	breit buschig

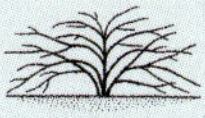

Höhe/Breite	60/60 cm
Widerstandsfähigkeit	mittel
Sonstiges	sehr schöne Blütenfarbe, reich blühend

Foto: Susanne Haslage

Heimatmelodie

Blütenfarbe	innen purpurn, außen weiß bis cremefarben
Blütenfüllung	gefüllt
Wuchsform	aufrecht 
Höhe/Breite	80/60 cm
Widerstandsfähigkeit	mittel bis hoch
Sonstiges	sehr schöne Blüte

Foto: Burkhard Spellerberg

Heinz Winkler

Blütenfarbe	samtrot
Blütenfüllung	gefüllt
Wuchsform	aufrecht 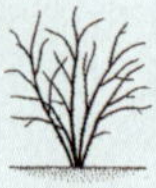
Höhe/Breite	80/60 cm
Widerstandsfähigkeit	mittel bis hoch
Sonstiges	sehr schöne Blütenfarbe

Foto: Burkhard Spellerberg

Hermann-Hesse-Rose

Blütenfarbe	cremefarben bis ockerfarben
Blütenfüllung	stark gefüllt
Wuchsform	aufrecht 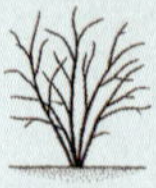
Höhe/Breite	110/80 cm
Widerstandsfähigkeit	hoch
Sonstiges	sehr schöne Blüte ADR-Rose

Foto: Reinhard Noack

Home & Garden

Blütenfarbe	dunkelrosa/hellrosa
Blütenfüllung	stark gefüllt
Wuchsform	breit buschig

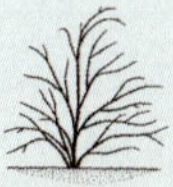

Höhe/Breite	80/80 cm
Widerstandsfähigkeit	mittel bis hoch
Sonstiges	sehr schöne nostalgische Blüte

Foto: Burkhard Spellerberg

Innocencia

Blütenfarbe	leuchtend weiß
Blütenfüllung	halb gefüllt
Wuchsform	breit buschig

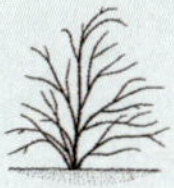

Höhe/Breite	50/60 cm
Widerstandsfähigkeit	hoch
Sonstiges	sehr schöne Blüte ADR-Rose

Foto: Burkhard Spellerberg

Intarsia

Blütenfarbe	innen gelborange, außen apricot
Blütenfüllung	gefüllt
Wuchsform	aufrecht

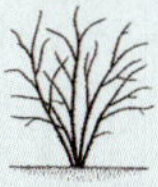

Höhe/Breite	70/60 cm
Widerstandsfähigkeit	mittel bis hoch
Sonstiges	sehr schöne Blüte ADR-Rose

Foto: Burkhard Spellerberg

Isarperle

Blütenfarbe	creme bis zartrosa
Blütenfüllung	gefüllt
Wuchsform	breit buschig

Höhe/Breite	80/80 cm
Widerstandsfähigkeit	mittel bis hoch
Sonstiges	sehr schöne Blüte ADR-Rose

Foto: Burkhard Spellerberg

Knirps

Blütenfarbe	karminrosa
Blütenfüllung	stark gefüllt
Wuchsform	breit buschig

Höhe/Breite	40/50 cm
Widerstandsfähigkeit	hoch
Sonstiges	sehr schöne Blütenwirkung ADR-Rose

Foto: Burkhard Spellerberg

Kosmos

Blütenfarbe	cremeweiß
Blütenfüllung	gefüllt
Wuchsform	breit buschig

Höhe/Breite	100/110 cm
Widerstandsfähigkeit	mittel bis hoch
Sonstiges	sehr schöne Blüte, duftend ADR-Rose

Foto: Kordes Werkbild

Kronjuwel

Blütenfarbe	dunkelrot
Blütenfüllung	halb gefüllt
Wuchsform	buschig

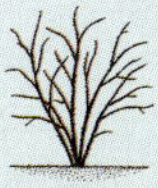

Höhe/Breite	80/60 cm
Widerstandsfähigkeit	hoch
Sonstiges	leuchtende Blütenfarbe ADR-Rose

Foto: Reinhard Noack

Leonardo da Vinci

Blütenfarbe	dunkelrosa
Blütenfüllung	stark gefüllt
Wuchsform	buschig

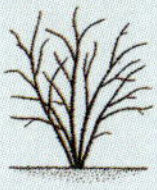

Höhe/Breite	80/60 cm
Widerstandsfähigkeit	mittel
Sonstiges	wunderschöne nostalgische Blüte, leichter Duft

Foto: Burkhard Spellerberg

Lions-Rose

Blütenfarbe	cremefarben/pfirsichfarben
Blütenfüllung	stark gefüllt
Wuchsform	hochbuschig

Höhe/Breite	110/90 cm
Widerstandsfähigkeit	hoch
Sonstiges	hervorragende Blüte ADR-Rose

Foto: Burkhard Spellerberg

Loredo

Blütenfarbe	gelb
Blütenfüllung	halb gefüllt
Wuchsform	buschig

Höhe/Breite	70/40 cm
Widerstandsfähigkeit	mittel bis hoch
Sonstiges	sehr schöne Blütenfarbe ADR-Rose

Foto: Reinhard Noack

Lupo

Blütenfarbe	karminrot, weiße Mitte
Blütenfüllung	einfach
Wuchsform	breit buschig

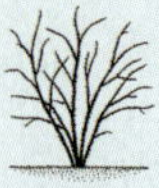

Höhe/Breite	90/100 cm
Widerstandsfähigkeit	hoch
Sonstiges	sehr schöne Blüte ADR-Rose

Foto: Burkhard Spellerberg

Maxi Vita

Blütenfarbe	dunkelrosa, gelber bis orangefarbener Blütenboden
Blütenfüllung	halb gefüllt
Wuchsform	breit buschig

Höhe/Breite	60/70 cm
Widerstandsfähigkeit	hoch
Sonstiges	sehr schöne Wirkung von Blüte und Pflanze ADR-Rose

Foto: Burkhard Spellerberg

Medley Pink

Blütenfarbe	leuchtend rosa
Blütenfüllung	halb gefüllt
Wuchsform	breit buschig

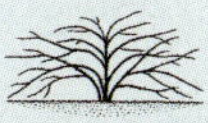

Höhe/Breite	40/50 cm
Widerstandsfähigkeit	mittel bis hoch
Sonstiges	Beetrose/Zwergrose mit ansprechender Blüte ADR-Rose

Foto: Burkhard Spellerberg

Medley Red

Blütenfarbe	rot
Blütenfüllung	halb gefüllt
Wuchsform	breit buschig

Höhe/Breite	40/50 cm
Widerstandsfähigkeit	mittel bis hoch
Sonstiges	Beetrose/Zwergrose mit ansprechender Blüte

Foto: Burkhard Spellerberg

Nadia Renaissance

Blütenfarbe	leuchtend rot
Blütenfüllung	stark gefüllt
Wuchsform	buschig

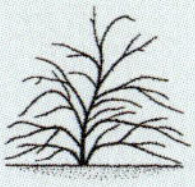

Höhe/Breite	70/60 cm
Widerstandsfähigkeit	mittel bis hoch
Sonstiges	sehr schöne Blüte

Foto: Burkhard Spellerberg

Pepita

Blütenfarbe	dunkelrosa
Blütenfüllung	stark gefüllt
Wuchsform	breit buschig

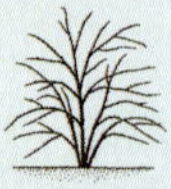

Höhe/Breite	50/60 cm
Widerstandsfähigkeit	mittel bis hoch
Sonstiges	ADR-Rose

Foto: Burkhard Spellerberg

Petticoat

Blütenfarbe	cremeweiß, Mitte apricot
Blütenfüllung	gefüllt
Wuchsform	breit buschig

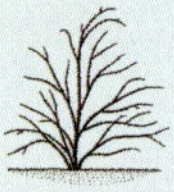

Höhe/Breite	80/60 cm
Widerstandsfähigkeit	hoch
Sonstiges	sehr schöne Blütenfarbe ADR-Rose

Foto: Burkhard Spellerberg

Phlox Meidiland

Blütenfarbe	violettrosa, weißer Blütenboden
Blütenfüllung	einfach
Wuchsform	buschig

Höhe/Breite	70/60 cm
Widerstandsfähigkeit	mittel bis hoch
Sonstiges	natürliche Blüte ADR-Rose

Foto: Burkhard Spellerberg

Planten un Blomen

Blütenfarbe	innen samtig rot, außen rosarot
Blütenfüllung	halb gefüllt
Wuchsform	breit buschig

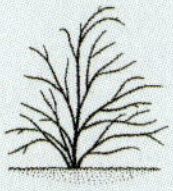

Höhe/Breite	80/70 cm
Widerstandsfähigkeit	hoch
Sonstiges	sehr schöne Blüte ADR-Rose

Foto: Kordes Werkbild

Purple Meidiland

Blütenfarbe	rot, blaurosa Ton
Blütenfüllung	halb gefüllt
Wuchsform	buschig

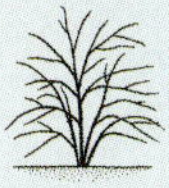

Höhe/Breite	60/60 cm
Widerstandsfähigkeit	mittel bis hoch
Sonstiges	auffallende Blütenfarbe ADR-Rose

Foto: Burkhard Spellerberg

Red Leonardo da Vinci

Blütenfarbe	leuchtend dunkelrot
Blütenfüllung	stark gefüllt
Wuchsform	buschig

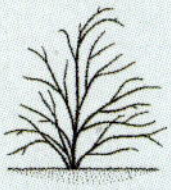

Höhe/Breite	60/70 cm
Widerstandsfähigkeit	mittel bis hoch
Sonstiges	sehr ansprechende Blüte ADR-Rose

Foto: Burkhard Spellerberg

Rose de Resht

Blütenfarbe	purpurrot
Blütenfüllung	stark gefüllt
Wuchsform	buschig

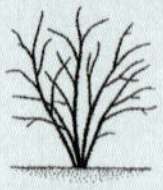

Höhe/Breite	120/70 cm
Widerstandsfähigkeit	mittel bis hoch
Sonstiges	nostalgische Blüte, stark duftend

Foto: Burkhard Spellerberg

Rosenfee

Blütenfarbe	leuchtend mittelrosa
Blütenfüllung	gefüllt
Wuchsform	breit buschig

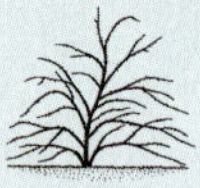

Höhe/Breite	70/50 cm
Widerstandsfähigkeit	mittel bis hoch
Sonstiges	ansprechende Blüte

Foto: Kordes Werkbild

Rosenprofessor Sieber

Blütenfarbe	rosa
Blütenfüllung	gefüllt
Wuchsform	buschig

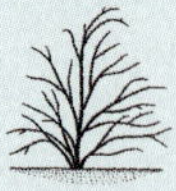

Höhe/Breite	80/60 cm
Widerstandsfähigkeit	hoch
Sonstiges	sehr schöne Blüte ADR-Rose

Foto: Burkhard Spellerberg

Rouge Meilove

Blütenfarbe	dunkelrot
Blütenfüllung	stark gefüllt
Wuchsform	breit buschig

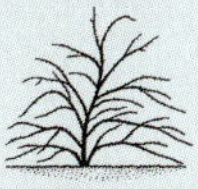

Höhe/Breite	60/50 cm
Widerstandsfähigkeit	mittel bis hoch
Sonstiges	sehr schöne Blüte ADR-Rose

Foto: BKN-Strobel Werkbild

Roxy

Blütenfarbe	violettrosa
Blütenfüllung	gefüllt
Wuchsform	breit buschig

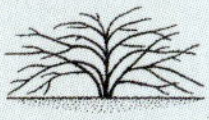

Höhe/Breite	40/60 cm
Widerstandsfähigkeit	hoch
Sonstiges	sehr schöne Blütenfarbe, duftend ADR-Rose

Foto: Burkhard Spellerberg

Sangerhäuser Jubiläumsrose

Blütenfarbe	apricot bis rosa
Blütenfüllung	stark gefüllt
Wuchsform	breit buschig

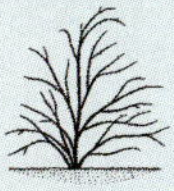

Höhe/Breite	70/60 cm
Widerstandsfähigkeit	mittel bis hoch
Sonstiges	sehr schöne Blütenfarbe, duftend

Foto: Susanne Haslage

Schneeflocke

Blütenfarbe	weiß
Blütenfüllung	gefüllt
Wuchsform	breit buschig

Höhe/Breite	40/50 cm
Widerstandsfähigkeit	hoch
Sonstiges	sehr dekorative Blüte ADR-Rose

Foto: Burkhard Spellerberg

Schöne Dortmunderin

Blütenfarbe	rosa
Blütenfüllung	halb gefüllt
Wuchsform	buschig

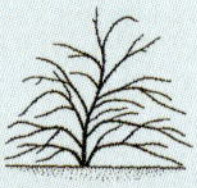

Höhe/Breite	70/60 cm
Widerstandsfähigkeit	mittel bis hoch
Sonstiges	schöne Blütenwirkung ADR-Rose

Foto: Reinhard Noack

Schöne Koblenzerin

Blütenfarbe	innen samtig rot, außen silbrig
Blütenfüllung	gefüllt
Wuchsform	aufrecht

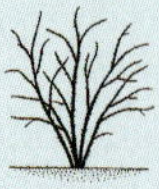

Höhe/Breite	100/90 cm
Widerstandsfähigkeit	hoch
Sonstiges	sehr ansprechende Blüte ADR-Rose

Foto: Kordes Werkbild

Sinea

Blütenfarbe	leuchtend rosarot
Blütenfüllung	halb gefüllt
Wuchsform	buschig

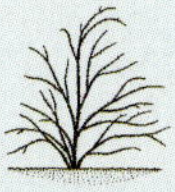

Höhe/Breite	110/100 cm
Widerstandsfähigkeit	hoch
Sonstiges	leuchtende Blütenfarbe ADR-Rose

Foto: Burkhard Spellerberg

Sommersonne

Blütenfarbe	rosa bis apricot
Blütenfüllung	gefüllt
Wuchsform	breit buschig

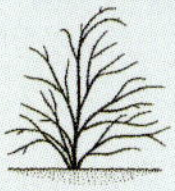

Höhe/Breite	90/70 cm
Widerstandsfähigkeit	hoch
Sonstiges	leuchtende Blütenfarbe ADR-Rose

Foto: Burkhard Spellerberg

Sonnenröschen

Blütenfarbe	weiß, gelbe Mitte
Blütenfüllung	einfach
Wuchsform	flachbuschig

Höhe/Breite	25/100 cm
Widerstandsfähigkeit	hoch
Sonstiges	duftende Zwergrose/Bodendeckerrose ADR-Rose

Foto: Burkhard Spellerberg

Stadt Eltville

Blütenfarbe	leuchtend rot
Blütenfüllung	halb gefüllt
Wuchsform	hochbuschig

Höhe/Breite	80/60 cm
Widerstandsfähigkeit	mittel bis hoch
Sonstiges	sehr schöne Blütenfarbe

Foto: Tantau Werkbild

Sunstar

Blütenfarbe	gelb
Blütenfüllung	gefüllt
Wuchsform	buschig

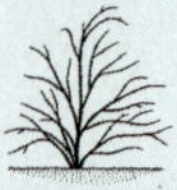

Höhe/Breite	110/80 cm
Widerstandsfähigkeit	mittel bis hoch
Sonstiges	leuchtende Blütenfarbe, leicht duftend ADR-Rose

Foto: Burkhard Spellerberg

Tequila

Blütenfarbe	orange bis gelborange
Blütenfüllung	halb gefüllt
Wuchsform	buschig

Höhe/Breite	60/60 cm
Widerstandsfähigkeit	mittel bis hoch
Sonstiges	sehr ansprechende, leuchtende Blütenfarbe

Foto: Burkhard Spellerberg

Unicef-Rose

Blütenfarbe	lachsrosa
Blütenfüllung	halb gefüllt
Wuchsform	breit buschig

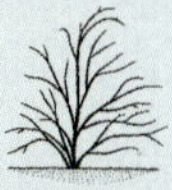

Höhe/Breite	100/70 cm
Widerstandsfähigkeit	hoch
Sonstiges	sehr schöne Blütenfarbe ADR-Rose

Foto: Burkhard Spellerberg

Vinesse

Blütenfarbe	orangerosa/hellorangerosa
Blütenfüllung	halb gefüllt
Wuchsform	buschig

Höhe/Breite	60/60 cm
Widerstandsfähigkeit	mittel bis hoch
Sonstiges	sehr schöne Blütenfarbe ADR-Rose

Foto: Burkhard Spellerberg

Westzeit

Blütenfarbe	gelborange bis pfirsichfarben
Blütenfüllung	gefüllt
Wuchsform	aufrecht

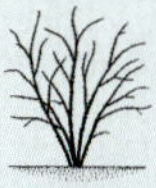

Höhe/Breite	60/60 cm
Widerstandsfähigkeit	hoch
Sonstiges	sehr ansprechende Blütenfarbe ADR-Rose

Foto: Burkhard Spellerberg

Yellow Meilove

Blütenfarbe leuchtend gelb
Blütenfüllung stark gefüllt
Wuchsform breit buschig

Höhe/Breite 70/70 cm
Widerstandsfähigkeit mittel bis hoch
Sonstiges sehr schöne Blütenfarbe, leicht duftend
ADR-Rose

Foto: Burkhard Spellerberg

7.3 Kleinstrauchrosen

Alba Meidiland

Blütenfarbe weiß
Blütenfüllung gefüllt
Wuchsform breit buschig

Höhe/Breite 70/90 cm
Widerstandsfähigkeit mittel bis hoch
Sonstiges auch Bodendecker

Foto: Burkhard Spellerberg

Alpenglühen

Blütenfarbe	leuchtend rot
Blütenfüllung	halb gefüllt
Wuchsform	flach buschig

Höhe/Breite	60/90 cm
Widerstandsfähigkeit	mittel
Sonstiges	Bodendecker mit leuchtender Farbe

Foto: Burkhard Spellerberg

Amber Sun

Blütenfarbe	cremegelb
Blütenfüllung	halb gefüllt
Wuchsform	breit buschig

Höhe/Breite	60/80 cm
Widerstandsfähigkeit	mittel
Sonstiges	ansprechende Blütenfarbe

Foto: Burkhard Spellerberg

Angela

Blütenfarbe	karminrosa
Blütenfüllung	halb gefüllt
Wuchsform	breit buschig

Höhe/Breite	100/100 cm
Widerstandsfähigkeit	mittel bis hoch
Sonstiges	dekorative Blüte

Foto: Burkhard Spellerberg

Apache

Blütenfarbe	leuchtend rot
Blütenfüllung	einfach
Wuchsform	flach buschig

Höhe/Breite	80/70 cm
Widerstandsfähigkeit	mittel bis hoch
Sonstiges	sehr ansprechende Blüte

Foto: Burkhard Spellerberg

Apfelblüte

Blütenfarbe	rosa bis weiß
Blütenfüllung	einfach
Wuchsform	flach buschig

Höhe/Breite	90/120 cm
Widerstandsfähigkeit	hoch
Sonstiges	dekorative Blüte ADR-Rose

Foto: Reinhard Noack

Apricot Meidiland

Blütenfarbe	apricot bis rosagelb
Blütenfüllung	halb gefüllt
Wuchsform	breit buschig

Höhe/Breite	50/50 cm
Widerstandsfähigkeit	mittel bis hoch
Sonstiges	sehr schöne Blütenfarbe

Foto: BKN-Strobel Werkbild

Blühwunder 08

Blütenfarbe	kräftig rosa
Blütenfüllung	halb gefüllt
Wuchsform	breit buschig

Höhe/Breite	80/80 cm
Widerstandsfähigkeit	hoch
Sonstiges	sehr schöne Blütenfarbe ADR-Rose

Foto: Burkhard Spellerberg

Bonica 82

Blütenfarbe	rosa
Blütenfüllung	gefüllt
Wuchsform	buschig

Höhe/Breite	90/80 cm
Widerstandsfähigkeit	mittel bis hoch
Sonstiges	leuchtende Blütenfarbe

Foto: Burkhard Spellerberg

Candia Meidiland

Blütenfarbe	leuchtend rosarot, helle Mitte
Blütenfüllung	halb gefüllt
Wuchsform	flach buschig

Höhe/Breite	40/70 cm
Widerstandsfähigkeit	mittel bis hoch
Sonstiges	sehr schöne Blütenfarbe ADR-Rose

Foto: Burkhard Spellerberg

Cute Haze

Foto: Burkhard Spellerberg

Blütenfarbe	weiß, sichtbare Staubgefäße
Blütenfüllung	einfach
Wuchsform	breit buschig

Höhe/Breite	40/80 cm
Widerstandsfähigkeit	hoch
Sonstiges	sehr schöne natürliche Blüte, duftend ADR-Rose

Deseo

Foto: Burkhard Spellerberg

Blütenfarbe	leuchtend hellrosa
Blütenfüllung	halb gefüllt
Wuchsform	breit buschig

Höhe/Breite	50/70 cm
Widerstandsfähigkeit	mittel bis hoch
Sonstiges	leuchtende Blütenfarbe ADR-Rose

Diamant

Foto: Susanne Haslage

Blütenfarbe	weiß
Blütenfüllung	halb gefüllt
Wuchsform	breit buschig

Höhe/Breite	60/60 cm
Widerstandsfähigkeit	hoch
Sonstiges	sehr schöne Blüte ADR-Rose

Diamond Border

Blütenfarbe	weiß
Blütenfüllung	halb gefüllt
Wuchsform	buschig

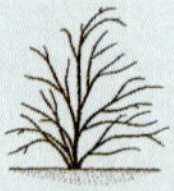

Höhe/Breite	120/100 cm
Widerstandsfähigkeit	hoch
Sonstiges	sehr schöne Blüte ADR-Rose

Foto: Burkhard Spellerberg

Escimo

Blütenfarbe	leuchtend weiß
Blütenfüllung	einfach
Wuchsform	breit buschig

Höhe/Breite	80/90 cm
Widerstandsfähigkeit	hoch bis sehr hoch
Sonstiges	leuchtende Blütenfarbe ADR-Rose

Foto: Burkhard Spellerberg

Gärtnerfreude

Blütenfarbe	leuchtend rot
Blütenfüllung	gefüllt
Wuchsform	flach buschig

Höhe/Breite	60/60 cm
Widerstandsfähigkeit	hoch
Sonstiges	sehr schöne Blüte

Foto: Burkhard Spellerberg

Granny

Blütenfarbe	hellrosa
Blütenfüllung	stark gefüllt
Wuchsform	breit buschig

Höhe/Breite	70/70 cm
Widerstandsfähigkeit	mittel bis hoch
Sonstiges	sehr schöne Blüte

Foto: Burkhard Spellerberg

Heidefeuer

Blütenfarbe	leuchtend rot
Blütenfüllung	halb gefüllt
Wuchsform	breit buschig

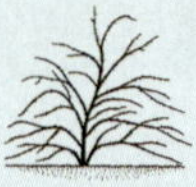

Höhe/Breite	60/80 cm
Widerstandsfähigkeit	mittel bis hoch
Sonstiges	sehr schöne Blütenfarbe

Foto: Burkhard Spellerberg

Heidetraum

Blütenfarbe	karminrosa
Blütenfüllung	halb gefüllt
Wuchsform	breit buschig

Höhe/Breite	60/80 cm
Widerstandsfähigkeit	hoch bis sehr hoch
Sonstiges	höchste Widerstandsfähigkeit, auch Bodendecker, vielseitig ADR-Rose

Foto: Burkhard Spellerberg

Iga 83 München

Blütenfarbe	rosa
Blütenfüllung	halb gefüllt
Wuchsform	buschig

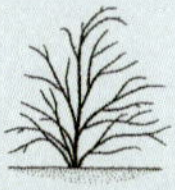

Höhe/Breite	80/60 cm
Widerstandsfähigkeit	mittel bis hoch
Sonstiges	sehr schöne Blüte

Foto: Burkhard Spellerberg

Juanita

Blütenfarbe	rosa bis karminrosa
Blütenfüllung	einfach
Wuchsform	breit buschig

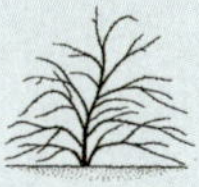

Höhe/Breite	110/120 cm
Widerstandsfähigkeit	hoch
Sonstiges	sehr schöne Blüte ADR-Rose

Foto: Burkhard Spellerberg

Kent

Blütenfarbe	weiß
Blütenfüllung	halb gefüllt
Wuchsform	buschig

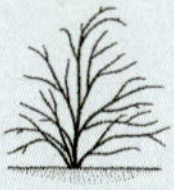

Höhe/Breite	60/50 cm
Widerstandsfähigkeit	hoch
Sonstiges	lange blühend

Foto: Burkhard Spellerberg

Larissa

Blütenfarbe	leuchtend rosa
Blütenfüllung	stark gefüllt
Wuchsform	buschig

Höhe/Breite	70/80 cm
Widerstandsfähigkeit	hoch
Sonstiges	sehr schöne Blüte ADR-Rose

Foto: Burkhard Spellerberg

Lavender Dream

Blütenfarbe	lavendelfarbig
Blütenfüllung	halb gefüllt
Wuchsform	buschig

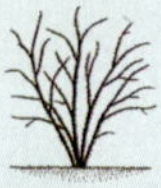

Höhe/Breite	80/80 cm
Widerstandsfähigkeit	mittel
Sonstiges	besondere Farbe

Foto: Burkhard Spellerberg

Lavender Meidiland

Blütenfarbe	rosarot bis hellrosa
Blütenfüllung	halb gefüllt
Wuchsform	buschig

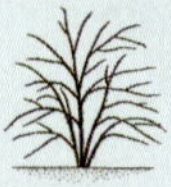

Höhe/Breite	90/100 cm
Widerstandsfähigkeit	mittel bis hoch
Sonstiges	sehr schöne Blüte ADR-Rose

Foto: Burkhard Spellerberg

Limesglut

Blütenfarbe	leuchtend rot
Blütenfüllung	halb gefüllt
Wuchsform	breit buschig

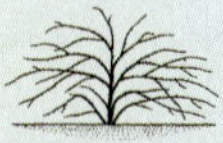

Höhe/Breite	40/50 cm
Widerstandsfähigkeit	mittel bis hoch
Sonstiges	leuchtende Blütenfarbe ADR-Rose

Foto: Burkhard Spellerberg

Lipstick

Blütenfarbe	innen karminrosa, außen silbrigrosa
Blütenfüllung	halb gefüllt
Wuchsform	breit buschig bis überhängend

Höhe/Breite	70/120 cm
Widerstandsfähigkeit	hoch
Sonstiges	sehr schöne Blütenwirkung ADR-Rose

Foto: Burkhard Spellerberg

Magic Meidiland

Blütenfarbe	karminrosa
Blütenfüllung	gefüllt
Wuchsform	breit buschig

Höhe/Breite	60/120 cm
Widerstandsfähigkeit	hoch
Sonstiges	sehr schöne Blüte, sehr vielseitig ADR-Rose

Foto: Burkhard Spellerberg

Matador

Blütenfarbe	leuchtend rot
Blütenfüllung	halb gefüllt
Wuchsform	flach buschig

Höhe/Breite	90/130 cm
Widerstandsfähigkeit	hoch
Sonstiges	Bodendeckerrose ADR-Rose

Foto: Burkhard Spellerberg

Medeo

Blütenfarbe	weiß mit rosa Ton
Blütenfüllung	einfach
Wuchsform	flach buschig

Höhe/Breite	60/90 cm
Widerstandsfähigkeit	hoch
Sonstiges	Wildrosenblüte ADR-Rose

Foto: Burkhard Spellerberg

Medusa

Blütenfarbe	dunkelrosa
Blütenfüllung	gefüllt
Wuchsform	breit buschig

Höhe/Breite	100/130 cm
Widerstandsfähigkeit	hoch
Sonstiges	vielseitig ADR-Rose

Foto: Burkhard Spellerberg

Mirato

Blütenfarbe karminrosa
Blütenfüllung halb gefüllt
Wuchsform breit buschig

Höhe/Breite 80/100 cm
Widerstandsfähigkeit hoch
Sonstiges auch Bodendecker, vielseitig
ADR-Rose

Foto: Burkhard Spellerberg

Nemo

Blütenfarbe weiß
Blütenfüllung einfach
Wuchsform breit buschig

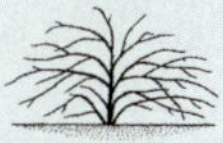

Höhe/Breite 70/140 cm
Widerstandsfähigkeit hoch
Sonstiges reich blühender Bodendecker
ADR-Rose

Foto: Burkhard Spellerberg

Neon

Blütenfarbe karminrosa
Blütenfüllung halb gefüllt
Wuchsform breit buschig

Höhe/Breite 60/80 cm
Widerstandsfähigkeit hoch
Sonstiges sehr schöne Blüte
ADR-Rose

Foto: Burkhard Spellerberg

Palmengarten Frankfurt

Blütenfarbe	karminrosa
Blütenfüllung	halb gefüllt
Wuchsform	breit buschig

Höhe/Breite	60/80 cm
Widerstandsfähigkeit	hoch
Sonstiges	auch Bodendecker, vielseitig ADR-Rose

Foto: Burkhard Spellerberg

Pearl Mirato

Blütenfarbe	rosa
Blütenfüllung	gefüllt
Wuchsform	breit buschig

Höhe/Breite	60/80 cm
Widerstandsfähigkeit	mittel bis hoch
Sonstiges	ansprechende Blütenfarbe, vielseitig

Foto: Susanne Haslage

Pink Bassino

Blütenfarbe	hellrosa
Blütenfüllung	einfach
Wuchsform	breit buschig

Höhe/Breite	80/100 cm
Widerstandsfähigkeit	hoch
Sonstiges	Wildrosenblüte ADR-Rose

Foto: Burkhard Spellerberg

Pink Swany

Blütenfarbe	karminrosa
Blütenfüllung	stark gefüllt
Wuchsform	flach buschig

Höhe/Breite	70/120 cm
Widerstandsfähigkeit	hoch
Sonstiges	sehr ansprechende Blüte ADR-Rose

Foto: Burkhard Spellerberg

Play Rose

Blütenfarbe	rosa
Blütenfüllung	halb gefüllt
Wuchsform	buschig

Höhe/Breite	100/80 cm
Widerstandsfähigkeit	mittel bis hoch
Sonstiges	schöne Blüte

Foto: Burkhard Spellerberg

Pomponella

Blütenfarbe	kräftig rosa
Blütenfüllung	stark gefüllt
Wuchsform	aufrecht

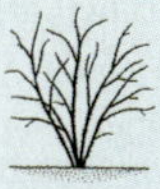

Höhe/Breite	110/120 cm
Widerstandsfähigkeit	hoch
Sonstiges	sehr ansprechende Blüte, leicht duftend ADR-Rose

Foto: Burkhard Spellerberg

Pretty Snow

Blütenfarbe	weiß bis cremefarben
Blütenfüllung	einfach
Wuchsform	breit buschig

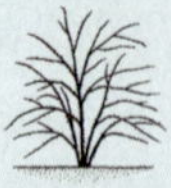

Höhe/Breite	100/110 cm
Widerstandsfähigkeit	mittel bis hoch
Sonstiges	sehr schöne Blüte ADR-Rose

Foto: Burkhard Spellerberg

Residenz

Blütenfarbe	leuchtend dunkelrosa
Blütenfüllung	halb gefüllt
Wuchsform	breit buschig

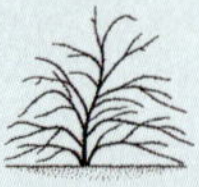

Höhe/Breite	110/110 cm
Widerstandsfähigkeit	hoch bis sehr hoch
Sonstiges	überreich blühend ADR-Rose

Foto: Burkhard Spellerberg

Rody

Blütenfarbe	karminrosa
Blütenfüllung	halb gefüllt
Wuchsform	breit buschig

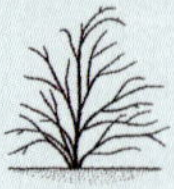

Höhe/Breite	60/70 cm
Widerstandsfähigkeit	mittel bis hoch
Sonstiges	sehr schöne Blütenwirkung, vielseitig

Foto: Burkhard Spellerberg

Rotilia

Blütenfarbe	leuchtend rot
Blütenfüllung	halb gefüllt
Wuchsform	breit buschig

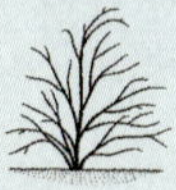

Höhe/Breite	120/120 cm
Widerstandsfähigkeit	hoch
Sonstiges	sehr schöne Blüte ADR-Rose

Foto: Burkhard Spellerberg

Satina

Blütenfarbe	zartrosa
Blütenfüllung	halb gefüllt
Wuchsform	breit buschig

Höhe/Breite	40/40 cm
Widerstandsfähigkeit	mittel
Sonstiges	sehr schöne Blüte ADR-Rose

Foto: Burkhard Spellerberg

Schneekönigin

Blütenfarbe	weiß
Blütenfüllung	halb gefüllt
Wuchsform	breit buschig

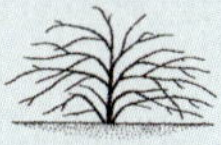

Höhe/Breite	100/130 cm
Widerstandsfähigkeit	mittel bis hoch
Sonstiges	sehr schöne Blüte ADR-Rose

Foto: Burkhard Spellerberg

Sedana

Blütenfarbe	gelb bis apricot
Blütenfüllung	halb gefüllt
Wuchsform	breit buschig

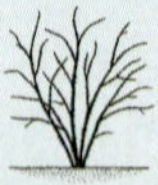

Höhe/Breite	70/80 cm
Widerstandsfähigkeit	mittel bis hoch
Sonstiges	sehr schöne Blütenfarbe ADR-Rose

Foto: Burkhard Spellerberg

Sibelius

Blütenfarbe	violett
Blütenfüllung	gefüllt
Wuchsform	breit buschig

Höhe/Breite	100/120 cm
Widerstandsfähigkeit	mittel bis hoch
Sonstiges	sehr schöne Blütenfarbe

Foto: Burkhard Spellerberg

Silencio

Blütenfarbe	karminrosa bis rosarot
Blütenfüllung	halb gefüllt
Wuchsform	flach buschig

Höhe/Breite	70/100 cm
Widerstandsfähigkeit	hoch
Sonstiges	Bodendeckerrose ADR-Rose

Foto: Reinhard Noack

Simply

Blütenfarbe	hellrosa
Blütenfüllung	halb gefüllt
Wuchsform	breit buschig

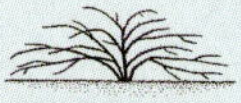

Höhe/Breite	120/120 cm
Widerstandsfähigkeit	hoch
Sonstiges	sehr schöne Blüte ADR-Rose

Foto: Burkhard Spellerberg

So Pretty

Blütenfarbe	karminrot
Blütenfüllung	halb gefüllt
Wuchsform	aufrecht

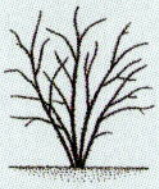

Höhe/Breite	110/90 cm
Widerstandsfähigkeit	hoch
Sonstiges	ansprechende Farbe ADR-Rose

Foto: Burkhard Spellerberg

Solero

Blütenfarbe	leuchtend gelb bis zitronengelb
Blütenfüllung	stark gefüllt
Wuchsform	buschig

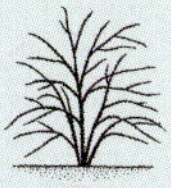

Höhe/Breite	70/80 cm
Widerstandsfähigkeit	mittel bis hoch
Sonstiges	sehr schöne Blütenwirkung, leicht duftend ADR-Rose

Foto: Burkhard Spellerberg

Sommerwind

Blütenfarbe	rosa
Blütenfüllung	gefüllt
Wuchsform	breit buschig

Höhe/Breite	80/100 cm
Widerstandsfähigkeit	mittel bis hoch
Sonstiges	gewellte Blütenblätter

Foto: Burkhard Spellerberg

Sonnenschirm

Blütenfarbe	gelb
Blütenfüllung	halb gefüllt
Wuchsform	breit buschig

Höhe/Breite	60/60 cm
Widerstandsfähigkeit	mittel
Sonstiges	leuchtende Blütenfarbe

Foto: Burkhard Spellerberg

Sorrento

Blütenfarbe	leuchtend rot
Blütenfüllung	halb gefüllt
Wuchsform	breit buschig

Höhe/Breite	80/90 cm
Widerstandsfähigkeit	hoch bis sehr hoch
Sonstiges	sehr schöne Blütenfarbe ADR-Rose

Foto: Burkhard Spellerberg

Souvenir de Greuville

Blütenfarbe	dunkelrosa bis weiß
Blütenfüllung	gefüllt
Wuchsform	breit buschig

Höhe/Breite	80/90 cm
Widerstandsfähigkeit	mittel bis hoch
Sonstiges	ansprechende Blütenfarbe, Duft

Foto: Christian Schultheis

Stadt Rom

Blütenfarbe	leuchtend rosarot
Blütenfüllung	einfach
Wuchsform	flach buschig

Höhe/Breite	60/120 cm
Widerstandsfähigkeit	hoch
Sonstiges	leuchtende Blütenfarbe, überreich blühend ADR-Rose

Foto: Tantau Werkbild

Sternenflor

Blütenfarbe	weiß
Blütenfüllung	einfach
Wuchsform	flach buschig

Höhe/Breite	40/60 cm
Widerstandsfähigkeit	mittel bis hoch
Sonstiges	sehr schöne Blüte

Foto: Christian Schultheis

Sunny Rose

Blütenfarbe gelb
Blütenfüllung halb gefüllt
Wuchsform flach buschig

Höhe/Breite 40/60 cm
Widerstandsfähigkeit mittel bis hoch
Sonstiges ansprechende Blüte
ADR-Rose

Foto: Burkhard Spellerberg

Swany

Blütenfarbe weiß
Blütenfüllung gefüllt
Wuchsform breit buschig

Höhe/Breite 60/60 cm
Widerstandsfähigkeit hoch bis sehr hoch
Sonstiges auch Bodendecker

Foto: Burkhard Spellerberg

Sweet Haze

Blütenfarbe rosa bis hellrosa
Blütenfüllung einfach bis halb gefüllt
Wuchsform breit buschig

Höhe/Breite 70/80 cm
Widerstandsfähigkeit mittel bis hoch
Sonstiges sehr schöne Blüte
ADR-Rose

Foto: Burkhard Spellerberg

The Fairy

Blütenfarbe	rosa
Blütenfüllung	gefüllt
Wuchsform	breit buschig

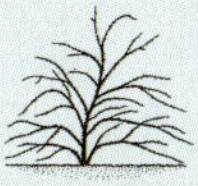

Höhe/Breite	60/80 cm
Widerstandsfähigkeit	mittel
Sonstiges	auch Bodendecker, altbekannte und häufig verwendete Rose

Foto: Burkhard Spellerberg

Topolina

Blütenfarbe	rosarot, helle Mitte
Blütenfüllung	einfach
Wuchsform	flach buschig

Höhe/Breite	70/90 cm
Widerstandsfähigkeit	hoch
Sonstiges	Bodendeckerrose, sehr schöne Blüte ADR-Rose

Foto: Burkhard Spellerberg

Triade

Blütenfarbe	leuchtend dunkelrot
Blütenfüllung	halb gefüllt
Wuchsform	breit buschig

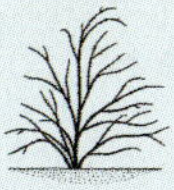

Höhe/Breite	140/130 cm
Widerstandsfähigkeit	mittel bis hoch
Sonstiges	ansprechende Blüte ADR-Rose

Foto: Reinhard Noack

Venice

Blütenfarbe	weiß
Blütenfüllung	einfach
Wuchsform	breit buschig

Höhe/Breite	100/130 cm
Widerstandsfähigkeit	hoch
Sonstiges	sehr schöne Blüte ADR-Rose

Foto: Burkhard Spellerberg

White Haze

Blütenfarbe	leuchtend weiß, gelbe Mitte
Blütenfüllung	einfach
Wuchsform	buschig

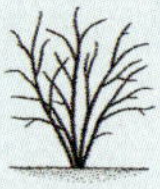

Höhe/Breite	70/70 cm
Widerstandsfähigkeit	mittel bis hoch
Sonstiges	ansprechende Blüte ADR-Rose

Foto: Burkhard Spellerberg

Wildfang

Blütenfarbe	rosa
Blütenfüllung	halb gefüllt
Wuchsform	breit buschig

Höhe/Breite	70/80 cm
Widerstandsfähigkeit	hoch
Sonstiges	ansprechende Blütenfarbe ADR-Rose

Foto: Burkhard Spellerberg

Windrose

Blütenfarbe	hellrosa
Blütenfüllung	halb gefüllt
Wuchsform	buschig

Höhe/Breite	110/130 cm
Widerstandsfähigkeit	hoch
Sonstiges	kräftiger Wuchs ADR-Rose

Foto: Burkhard Spellerberg

7.4 Strauchrosen

A Shropshire Lad

Blütenfarbe	apricot
Blütenfüllung	stark gefüllt
Wuchsform	buschig

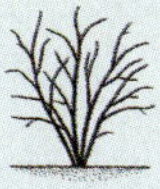

Höhe/Breite	200/100 cm
Widerstandsfähigkeit	mittel bis hoch
Sonstiges	sehr schöne Blüte, stark duftend

Foto: Burkhard Spellerberg

Abraham Darby

Blütenfarbe	gelborange
Blütenfüllung	stark gefüllt
Wuchsform	buschig

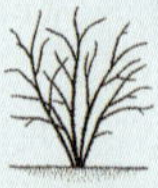

Höhe/Breite	170/90 cm
Widerstandsfähigkeit	mittel bis hoch
Sonstiges	sehr schöne Blüte, stark duftend

Foto: Burkhard Spellerberg

Armada

Blütenfarbe	rosa bis hellrosa
Blütenfüllung	halb gefüllt
Wuchsform	breit buschig

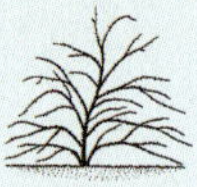

Höhe/Breite	120/70 cm
Widerstandsfähigkeit	mittel bis hoch
Sonstiges	schöne Blütenfarbe ADR- Rose

Foto: Burkhard Spellerberg

Ballerina

Blütenfarbe	hellrosa, weißes Auge
Blütenfüllung	einfach
Wuchsform	buschig

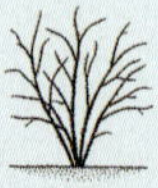

Höhe/Breite	140/140 cm
Widerstandsfähigkeit	mittel bis hoch
Sonstiges	reich blühend, Wildrosencharakter

Foto: Burkhard Spellerberg

Bonanza

Blütenfarbe	goldgelb bis kupfrig
Blütenfüllung	halb gefüllt
Wuchsform	breit buschig

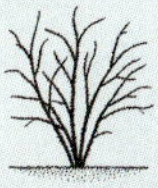

Höhe/Breite	180/150 cm
Widerstandsfähigkeit	mittel bis hoch
Sonstiges	schöne Farbe, kräftig

Foto: Burkhard Spellerberg

Bremer Stadtmusikanten

Blütenfarbe	zartrosa
Blütenfüllung	gefüllt
Wuchsform	breit buschig

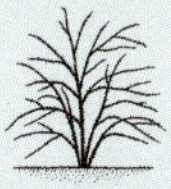

Höhe/Breite	120/120 cm
Widerstandsfähigkeit	mittel bis hoch
Sonstiges	sehr schöne Blütenwirkung

Foto: Burkhard Spellerberg

Burghausen

Blütenfarbe	dunkelrot
Blütenfüllung	halb gefüllt
Wuchsform	breit buschig

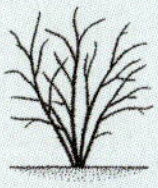

Höhe/Breite	200/150 cm
Widerstandsfähigkeit	mittel
Sonstiges	reichblühend

Foto: Kordes Werkbild

Caramella

Blütenfarbe	orangegelb
Blütenfüllung	gefüllt
Wuchsform	aufrecht

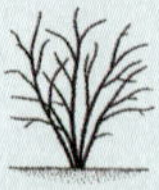

Höhe/Breite	120/70 cm
Widerstandsfähigkeit	mittel bis hoch
Sonstiges	sehr ansprechende Blüte

Foto: Kordes Werkbild

Centenaire de Lourdes

Blütenfarbe	rosa
Blütenfüllung	gefüllt
Wuchsform	buschig

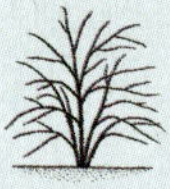

Höhe/Breite	150/180 cm
Widerstandsfähigkeit	mittel bis hoch
Sonstiges	bewährte Sorte

Foto: Burkhard Spellerberg

Comedy

Blütenfarbe	gelb bis orange
Blütenfüllung	gefüllt
Wuchsform	aufrecht buschig

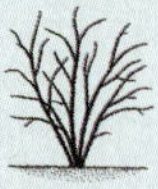

Höhe/Breite	120/100 cm
Widerstandsfähigkeit	hoch
Sonstiges	sehr ansprechende Blüte ADR-Rose

Foto: Burkhard Spellerberg

Dortmunder Kaiserhain

Blütenfarbe	hellrosa
Blütenfüllung	gefüllt
Wuchsform	breit buschig

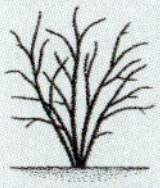

Höhe/Breite	110/100 cm
Widerstandsfähigkeit	hoch
Sonstiges	ansprechende Blüte ADR-Rose

Foto: Burkhard Spellerberg

Eden Rose 85

Blütenfarbe	rosa
Blütenfüllung	stark gefüllt
Wuchsform	breit buschig

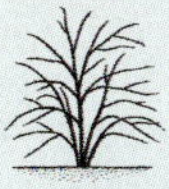

Höhe/Breite	100–250/120 cm
Widerstandsfähigkeit	mittel
Sonstiges	auch als Kletterrose

Foto: BKN-Strobel Werkbild

Estima

Blütenfarbe	rosa
Blütenfüllung	gefüllt
Wuchsform	breit buschig

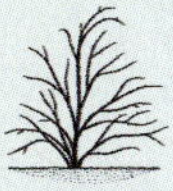

Höhe/Breite	110/130 cm
Widerstandsfähigkeit	mittel bis hoch
Sonstiges	sehr schöne Blüte

Foto: Burkhard Spellerberg

Felicitas

Blütenfarbe	karminrosa
Blütenfüllung	einfach
Wuchsform	breit buschig

Höhe/Breite	120/120 cm
Widerstandsfähigkeit	hoch
Sonstiges	robust, natürliche Blüte ADR-Rose

Foto: Burkhard Spellerberg

Flashlight

Blütenfarbe	leuchtend rosa bis hellrosa
Blütenfüllung	stark gefüllt
Wuchsform	aufrecht buschig

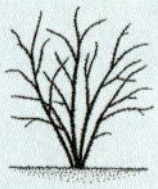

Höhe/Breite	120/90 cm
Widerstandsfähigkeit	hoch
Sonstiges	sehr schöne Blüte, leicht duftend ADR-Rose

Foto: Burkhard Spellerberg

Freisinger Morgenröte

Blütenfarbe	bronzegelb gemischt
Blütenfüllung	gefüllt
Wuchsform	buschig

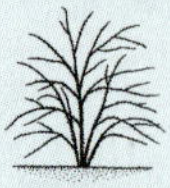

Höhe/Breite	180/150 cm
Widerstandsfähigkeit	mittel
Sonstiges	mehrfarbig, schöne Blüte

Foto: Burkhard Spellerberg

Gateway

Blütenfarbe	rosa, lachsfarbene Mitte
Blütenfüllung	stark gefüllt
Wuchsform	aufrecht buschig

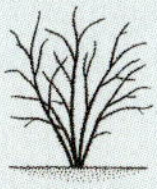

Höhe/Breite	120/110 cm
Widerstandsfähigkeit	hoch
Sonstiges	nostalgische Blütenform, duftend ADR-Rose

Foto: Burkhard Spellerberg

Gentle Hermione

Blütenfarbe	innen rosa, außen hellrosa
Blütenfüllung	stark gefüllt
Wuchsform	breit buschig

Höhe/Breite	130/130 cm
Widerstandsfähigkeit	mittel bis hoch
Sonstiges	sehr schöne Blüte, duftend

Foto: Burkhard Spellerberg

Gertrude Jekyll

Blütenfarbe	leuchtend dunkelrosa
Blütenfüllung	gefüllt
Wuchsform	breit buschig

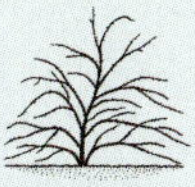

Höhe/Breite	160/130 cm
Widerstandsfähigkeit	mittel bis hoch
Sonstiges	sehr schöne Blüte, duftend

Foto: Burkhard Spellerberg

Getano

Blütenfarbe	leuchtend rosarot, gelbes Auge
Blütenfüllung	halb gefüllt
Wuchsform	breit buschig

Höhe/Breite	120/130 cm
Widerstandsfähigkeit	hoch
Sonstiges	leuchtende Blütenfarbe ADR-Rose

Foto: Burkhard Spellerberg

Golden Celebration

Blütenfarbe	intensiv dunkelgelb
Blütenfüllung	gefüllt
Wuchsform	breit buschig

Höhe/Breite	150/130 cm
Widerstandsfähigkeit	mittel bis hoch
Sonstiges	sehr schöne Blüte, duftend

Foto: Burkhard Spellerberg

Goldspatz

Blütenfarbe	leuchtend hellgelb
Blütenfüllung	halb gefüllt
Wuchsform	breit buschig

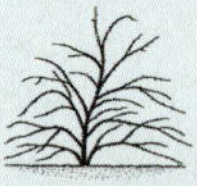

Höhe/Breite	130/120 cm
Widerstandsfähigkeit	mittel bis hoch
Sonstiges	sehr schöne Blüte, duftend ADR-Rose

Foto: Burkhard Spellerberg

Graham Thomas

Blütenfarbe	gelb
Blütenfüllung	stark gefüllt
Wuchsform	buschig

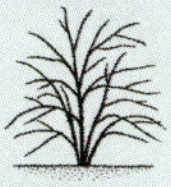

Höhe/Breite	140/100 cm
Widerstandsfähigkeit	hoch
Sonstiges	sehr ansprechende Blüte, Typ „Englische Rose"

Foto: Burkhard Spellerberg

Harlow Carr

Blütenfarbe	rosa
Blütenfüllung	gefüllt
Wuchsform	buschig

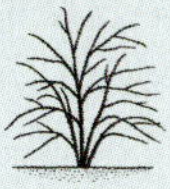

Höhe/Breite	120/100 cm
Widerstandsfähigkeit	hoch
Sonstiges	ansprechende Blüte, duftend

Foto: Burkhard Spellerberg

Heavenly Pink

Blütenfarbe	dunkelrosa bis hellrosa
Blütenfüllung	gefüllt
Wuchsform	breit buschig

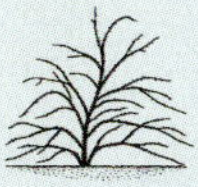

Höhe/Breite	100/110 cm
Widerstandsfähigkeit	hoch
Sonstiges	reich blühend, duftend

Foto: Burkhard Spellerberg

Herkules

Blütenfarbe cremefarben bis fliederfarben
Blütenfüllung stark gefüllt
Wuchsform breit buschig

Höhe/Breite 140/130 cm
Widerstandsfähigkeit mittel bis hoch
Sonstiges ansprechende Blüte, duftend

Foto: Burkhard Spellerberg

Herzogin Friederike

Blütenfarbe lachsrosa, gelbe Mitte
Blütenfüllung halb gefüllt
Wuchsform buschig

Höhe/Breite 150/120 cm
Widerstandsfähigkeit mittel bis hoch
Sonstiges sehr schöne Blüte

Foto: Burkhard Spellerberg

Kaiser von Lautern

Blütenfarbe kupfergelb bis cremefarben
Blütenfüllung gefüllt
Wuchsform buschig

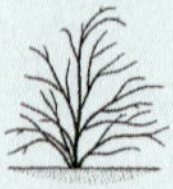

Höhe/Breite 120/100 cm
Widerstandsfähigkeit hoch
Sonstiges ansprechende Blüte
ADR-Rose

Foto: Burkhard Spellerberg

La Rose de Molinard

Blütenfarbe rosarot
Blütenfüllung stark gefüllt
Wuchsform aufrecht buschig

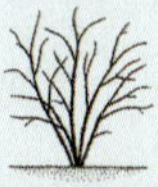

Höhe/Breite 130/90 cm
Widerstandsfähigkeit mittel bis hoch
Sonstiges nostalgische Blüte, duftend
ADR-Rose

Foto: Burkhard Spellerberg

Lichtkönigin Lucia

Blütenfarbe leuchtend gelb
Blütenfüllung gefüllt
Wuchsform buschig

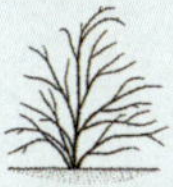

Höhe/Breite 160/120 cm
Widerstandsfähigkeit mittel bis hoch
Sonstiges schöne Strauchrose

Foto: Susanne Haslage

Louise Odier

Blütenfarbe leuchtend rosa
Blütenfüllung stark gefüllt
Wuchsform buschig

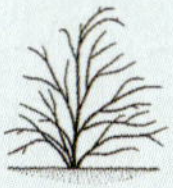

Höhe/Breite 150/120 cm
Widerstandsfähigkeit mittel bis hoch
Sonstiges altbekannte Strauchrose, sehr schöne Blüte, duftend

Foto: Burkhard Spellerberg

Mademoiselle

Blütenfarbe leuchtend rosa
Blütenfüllung halb gefüllt
Wuchsform buschig

Höhe/Breite 110/70 cm
Widerstandsfähigkeit mittel bis hoch
Sonstiges sehr schöne Blüte, duftend
ADR-Rose

Foto: Burkhard Spellerberg

Marguerite Hilling

Blütenfarbe rosa
Blütenfüllung einfach
Wuchsform buschig

Höhe/Breite 200/180 cm
Widerstandsfähigkeit mittel bis hoch
Sonstiges einmal blühend

Foto: Burkhard Spellerberg

Mary Rose

Blütenfarbe dunkelrosa
Blütenfüllung gefüllt
Wuchsform buschig

Höhe/Breite 150/130 cm
Widerstandsfähigkeit mittel bis hoch
Sonstiges sehr ansprechende Blüte, duftend

Foto: Burkhard Spellerberg

Mein schöner Garten

Blütenfarbe	rosa, im Aufblühen lachsrosa
Blütenfüllung	gefüllt
Wuchsform	breit buschig

Höhe/Breite	110/90 cm
Widerstandsfähigkeit	mittel bis hoch
Sonstiges	ansprechende Blüte

Foto: Burkhard Spellerberg

Mortimer Sackler

Blütenfarbe	hellrosa
Blütenfüllung	halb gefüllt
Wuchsform	breit buschig

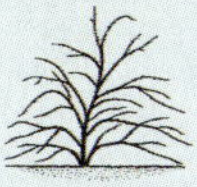

Höhe/Breite	160/130 cm
Widerstandsfähigkeit	mittel bis hoch
Sonstiges	ansprechende Blüte, duftend

Foto: Burkhard Spellerberg

Mozart

Blütenfarbe	rosa mit weißem Auge
Blütenfüllung	einfach
Wuchsform	buschig

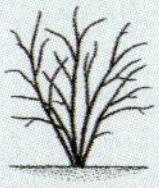

Höhe/Breite	120/140 cm
Widerstandsfähigkeit	mittel bis hoch
Sonstiges	reich blühend, Wildrosencharakter

Foto: Susanne Haslage

Münsterland

Blütenfarbe lachsrosa bis apricot
Blütenfüllung halb gefüllt
Wuchsform buschig

Höhe/Breite 170/100 cm
Widerstandsfähigkeit hoch
Sonstiges ansprechende Blütenfarbe

Foto: Reinhard Noack

New Look

Blütenfarbe karminrosa bis hellrosa
Blütenfüllung halb gefüllt
Wuchsform aufrecht

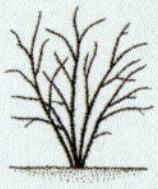

Höhe/Breite 130–190/100 cm
Widerstandsfähigkeit hoch
Sonstiges sehr schöne Blüte, auch als Kletterrose geeignet
ADR-Rose

Foto: Burkhard Spellerberg

Pat Austin

Blütenfarbe kupfergelb
Blütenfüllung gefüllt
Wuchsform breit buschig

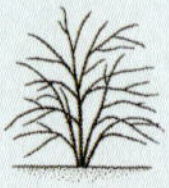

Höhe/Breite 150/130 cm
Widerstandsfähigkeit mittel bis hoch
Sonstiges sehr schöne Blüte, stark duftend

Foto: Burkhard Spellerberg

Pierre Gagnaire

Blütenfarbe	orangerosa bis weiß
Blütenfüllung	halb gefüllt
Wuchsform	buschig

Höhe/Breite	170/100 cm
Widerstandsfähigkeit	mittel bis hoch
Sonstiges	natürliche Blüte, duftend, auch als Kletterrose geeignet

Foto: Burkhard Spellerberg

Postillion

Blütenfarbe	gelb
Blütenfüllung	gefüllt
Wuchsform	aufrecht

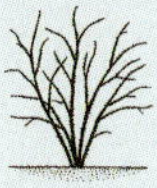

Höhe/Breite	160/120 cm
Widerstandsfähigkeit	hoch
Sonstiges	robuste Strauchrose ADR-Rose

Foto: Burkhard Spellerberg

Pretty Kiss

Blütenfarbe	weiß, leuchtend roter Rand
Blütenfüllung	einfach
Wuchsform	aufrecht

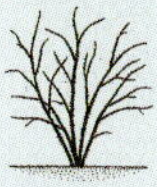

Höhe/Breite	120/100 cm
Widerstandsfähigkeit	hoch
Sonstiges	sehr auffällig, natürliche Blüte ADR-Rose

Foto: Burkhard Spellerberg

Pretty Sunrise

Blütenfarbe	apricot bis rosarot
Blütenfüllung	einfach
Wuchsform	breit buschig

Höhe/Breite	120/110 cm
Widerstandsfähigkeit	mittel bis hoch
Sonstiges	sehr schöne, natürliche Blüte ADR-Rose

Foto: Burkhard Spellerberg

Queen of Sweden

Blütenfarbe	apricot bis rosa
Blütenfüllung	stark gefüllt
Wuchsform	aufrecht

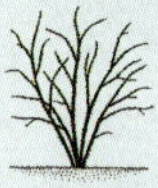

Höhe/Breite	130/120 cm
Widerstandsfähigkeit	hoch
Sonstiges	ansprechende Blüte

Foto: Burkhard Spellerberg

Ravenna

Blütenfarbe	rosarot bis hellrosa
Blütenfüllung	einfach
Wuchsform	buschig

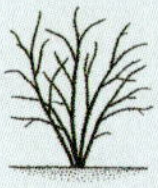

Höhe/Breite	100/100 cm
Widerstandsfähigkeit	hoch
Sonstiges	sehr schöne Blüte ADR-Rose

Foto: Burkhard Spellerberg

Romanze

Blütenfarbe dunkelrosa
Blütenfüllung halb gefüllt
Wuchsform aufrecht

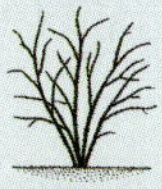

Höhe/Breite 150/130 cm
Widerstandsfähigkeit mittel
Sonstiges auch für Schnitt, edle Blüte

Foto: Tantau Werkbild

Rosenresli

Blütenfarbe orangerosa
Blütenfüllung gefüllt
Wuchsform breit buschig

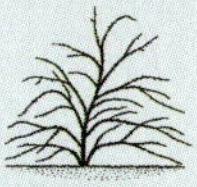

Höhe/Breite 120/140 cm
Widerstandsfähigkeit mittel bis hoch
Sonstiges dekorativ, duftend

Foto: Burkhard Spellerberg

Rosenstadt Freising

Blütenfarbe weiß mit rotem Rand
Blütenfüllung gefüllt
Wuchsform buschig

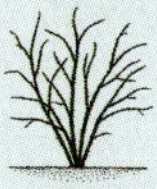

Höhe/Breite 140/90 cm
Widerstandsfähigkeit hoch
Sonstiges sehr ansprechende Blütenfarbe, duftend

Foto: Burkhard Spellerberg

Rote Woge

Blütenfarbe	rot
Blütenfüllung	gefüllt
Wuchsform	breit buschig

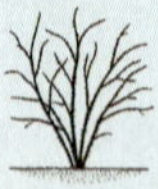

Höhe/Breite	100/120 cm
Widerstandsfähigkeit	hoch
Sonstiges	Triebe überhängend, sehr schöne Blütenfarbe ADR-Rose

Foto: Burkhard Spellerberg

Roter Korsar

Blütenfarbe	samtig dunkelrot
Blütenfüllung	halb gefüllt
Wuchsform	breit buschig

Höhe/Breite	140/120 cm
Widerstandsfähigkeit	mittel bis hoch
Sonstiges	sehr schöne Blüte ADR-Rose

Foto: Burkhard Spellerberg

Rugelda

Blütenfarbe	gelb
Blütenfüllung	gefüllt
Wuchsform	buschig

Höhe/Breite	150/100 cm
Widerstandsfähigkeit	mittel bis hoch
Sonstiges	sehr schöne Blüte ADR-Rose

Foto: Burkhard Spellerberg

Rush

Blütenfarbe	rosa mit Auge
Blütenfüllung	einfach
Wuchsform	buschig

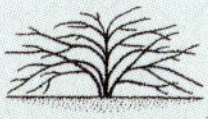

Höhe/Breite	150/110 cm
Widerstandsfähigkeit	mittel bis hoch
Sonstiges	ansprechende Blüte

Foto: Burkhard Spellerberg

Saremo

Blütenfarbe	hellrosa
Blütenfüllung	gefüllt
Wuchsform	breit buschig

Höhe/Breite	110/120 cm
Widerstandsfähigkeit	hoch
Sonstiges	ansprechende Blüte ADR-Rose

Foto: Burkhard Spellerberg

Schneewittchen

Blütenfarbe	weiß
Blütenfüllung	gefüllt
Wuchsform	buschig

Höhe/Breite	160/130 cm
Widerstandsfähigkeit	mittel bis hoch
Sonstiges	schönste weiße Sorte

Foto: Burkhard Spellerberg

Shining Light

Blütenfarbe	leuchtend gelb
Blütenfüllung	gefüllt
Wuchsform	breit buschig

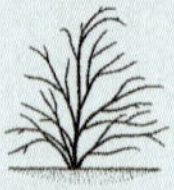

Höhe/Breite	130/110 cm
Widerstandsfähigkeit	mittel bis hoch
Sonstiges	sehr schöne Blüte ADR-Rose

Foto: Burkhard Spellerberg

Sommerabend

Blütenfarbe	rot
Blütenfüllung	einfach
Wuchsform	flach

Höhe/Breite	40/180 cm
Widerstandsfähigkeit	hoch bis sehr hoch
Sonstiges	sehr schöne Blüte ADR-Rose

Foto: Burkhard Spellerberg

Teasing Georgia

Blütenfarbe	leuchtend gelb
Blütenfüllung	sehr stark gefüllt
Wuchsform	buschig

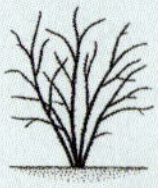

Höhe/Breite	170/120 cm
Widerstandsfähigkeit	hoch
Sonstiges	wunderschöne Blüte, leicht duftend

Foto: Burkhard Spellerberg

Triade

Blütenfarbe	leuchtend dunkelrot
Blütenfüllung	halb gefüllt
Wuchsform	breit buschig

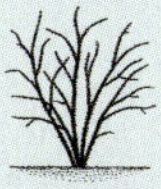

Höhe/Breite	140/130 cm
Widerstandsfähigkeit	hoch
Sonstiges	ansprechende Blüte ADR-Rose

Foto: Reinhard Noack

Vogelpark Walsrode

Blütenfarbe	hellrosa
Blütenfüllung	halb gefüllt
Wuchsform	buschig

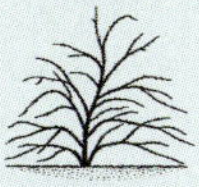

Höhe/Breite	150/140 cm
Widerstandsfähigkeit	mittel bis hoch
Sonstiges	schöne Blüte

Foto: Burkhard Spellerberg

Westerland

Blütenfarbe	bronzegelb gemischt
Blütenfüllung	halb gefüllt
Wuchsform	buschig

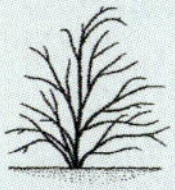

Höhe/Breite	150/150 cm
Widerstandsfähigkeit	hoch
Sonstiges	dekorative Blüte

Foto: Burkhard Spellerberg

Yellow Romantica

Blütenfarbe	gelb
Blütenfüllung	stark gefüllt
Wuchsform	buschig

Höhe/Breite	150/120 cm
Widerstandsfähigkeit	mittel bis hoch
Sonstiges	sehr schöne Blüte, duftend

Foto: Burkhard Spellerberg

7.5 Kletterrosen

Aloha

Blütenfarbe	apricot mit rosa Ton, gefüllt
Blütenfüllung	gefüllt
Wuchsform	ca. 2,5 m lange Triebe
Widerstandsfähigkeit	mittel bis hoch
Sonstiges	sehr schöne Blüte, duftend

Foto: Burkhard Spellerberg

Amadeus

Blütenfarbe	rot
Blütenfüllung	gefüllt
Wuchsform	ca. 2,5 m lange Triebe
Widerstandsfähigkeit	hoch
Sonstiges	sehr schöne Blüte, reich blühend

Foto: Burkhard Spellerberg

Baikal

Blütenfarbe	rot
Blütenfüllung	halb gefüllt
Wuchsform	ca. 2,5 m lange Triebe
Widerstandsfähigkeit	mittel
Sonstiges	sehr schöne Blüte

Foto: Burkhard Spellerberg

Bajazzo

Blütenfarbe	orangerosa, gelbe Mitte
Blütenfüllung	halb gefüllt
Wuchsform	ca. 2,5 m lange Triebe
Widerstandsfähigkeit	hoch
Sonstiges	leuchtende Blütenfarbe ADR-Rose

Foto: Kordes Werkbild

Belkanto

Blütenfarbe	samtrot
Blütenfüllung	gefüllt
Wuchsform	ca. 2,5 m lange Triebe
Widerstandsfähigkeit	hoch
Sonstiges	ansprechende Blüte

Foto: Burkhard Spellerberg

Bobby James

Blütenfarbe	weiß
Blütenfüllung	einfach
Wuchsform	ca. 5 m lange Triebe
Widerstandsfähigkeit	mittel bis hoch
Sonstiges	Rambler, einmal blühend, duftend, reich blühend

Foto: Burkhard Spellerberg

Chevy Chase

Blütenfarbe	dunkelrot
Blütenfüllung	gefüllt
Wuchsform	ca. 2,5 m lange Triebe
Widerstandsfähigkeit	mittel
Sonstiges	Rambler, einmal blühend, reich blühend

Foto: Burkhard Spellerberg

Constance Spry

Blütenfarbe	rosa
Blütenfüllung	stark gefüllt
Wuchsform	sehr lange Triebe
Widerstandsfähigkeit	mittel
Sonstiges	überreich blühend, duftend, einmal blühend

Foto: Burkhard Spellerberg

Crown Princess Margareta

Blütenfarbe	aprikosenfarben bis gelborange
Blütenfüllung	stark gefüllt
Wuchsform	ca. 2 m lange Triebe
Widerstandsfähigkeit	hoch
Sonstiges	wunderschöne Blüte, duftend

Foto: Burkhard Spellerberg

Deutsches Rosarium Dortmund

Blütenfarbe	hellrosa
Blütenfüllung	gefüllt
Wuchsform	ca. 2,5 m lange Triebe
Widerstandsfähigkeit	mittel bis hoch
Sonstiges	reich blühend

Foto: Burkhard Spellerberg

Dortmund

Blütenfarbe	rot mit Auge
Blütenfüllung	einfach
Wuchsform	ca. 2,5 m lange Triebe
Widerstandsfähigkeit	mittel bis hoch
Sonstiges	ansprechende Blüte

Foto: Burkhard Spellerberg

Dublin Bay

Blütenfarbe	rot
Blütenfüllung	gefüllt
Wuchsform	ca. 2,5 m lange Triebe
Widerstandsfähigkeit	mittel bis hoch
Sonstiges	leuchtende Blütenfarbe

Foto: Burkhard Spellerberg

Fassadenzauber

Blütenfarbe	leuchtend dunkelrosa
Blütenfüllung	gefüllt
Wuchsform	ca. 2,5 m lange Triebe
Widerstandsfähigkeit	hoch
Sonstiges	sehr schöne Blüte

Foto: Burkhard Spellerberg

Félicité et Perpétue

Blütenfarbe	weiß
Blütenfüllung	gefüllt
Wuchsform	ca. 5 bis 7 m lange Triebe
Widerstandsfähigkeit	hoch
Sonstiges	Rambler, einmal blühend, reich blühend, duftend

Foto: Burkhard Spellerberg

Flammentanz

Blütenfarbe	rot
Blütenfüllung	gefüllt
Wuchsform	ca. 3 m lange Triebe
Widerstandsfähigkeit	mittel bis hoch
Sonstiges	einmal blühend, aber langblühend

Foto: Burkhard Spellerberg

Ghislaine de Féligonde

Blütenfarbe	gelb bis hellgelb
Blütenfüllung	gefüllt
Wuchsform	ca. 2,5 m lange Triebe
Widerstandsfähigkeit	hoch
Sonstiges	ansprechende Blütenfarbe

Foto: Burkhard Spellerberg

Giardina

Blütenfarbe	rosa
Blütenfüllung	stark gefüllt
Wuchsform	ca. 2,5 m lange Triebe
Widerstandsfähigkeit	mittel bis hoch
Sonstiges	sehr schöne Blüte, duftend

Foto: Burkhard Spellerberg

Golden Gate

Blütenfarbe	leuchtend gelb
Blütenfüllung	halb gefüllt
Wuchsform	ca. 3,5 m lange Triebe
Widerstandsfähigkeit	hoch
Sonstiges	ansprechende Blütenfarbe, duftend ADR-Rose

Foto: Susanne Haslage

Graciosa

Blütenfarbe	pastellrosa bis weiß
Blütenfüllung	gefüllt
Wuchsform	ca. 3 m lange Triebe
Widerstandsfähigkeit	hoch
Sonstiges	sehr schöne Blütenfarbe

Foto: Burkhard Spellerberg

Guirlande d'Amour

Blütenfarbe	weiß
Blütenfüllung	gefüllt
Wuchsform	ca. 2,5 m lange Triebe
Widerstandsfähigkeit	hoch bis sehr hoch
Sonstiges	sehr schöne Blüte, duftend ADR-Rose

Foto: Burkhard Spellerberg

Hella

Blütenfarbe	leuchtend weiß
Blütenfüllung	gefüllt
Wuchsform	ca. 3 m lange Triebe
Widerstandsfähigkeit	mittel bis hoch
Sonstiges	sehr schöne Blüte, duftend ADR-Rose

Foto: Burkhard Spellerberg

Ilse Krohn Superior

Blütenfarbe	weiß
Blütenfüllung	stark gefüllt
Wuchsform	ca. 3 m lange Triebe
Widerstandsfähigkeit	mittel bis hoch
Sonstiges	duftend, viele Blütenblätter

Foto: Burkhard Spellerberg

Jasmina

Blütenfarbe	hellrosa
Blütenfüllung	halb gefüllt
Wuchsform	ca. 2,5 m lange Triebe
Widerstandsfähigkeit	hoch
Sonstiges	sehr schöne Blüte, duftend ADR-Rose

Foto: Burkhard Spellerberg

Kew Rambler

Blütenfarbe	rosa bis hellrosa
Blütenfüllung	einfach
Wuchsform	ca. 5 bis 7 m lange Triebe
Widerstandsfähigkeit	hoch
Sonstiges	Rambler, einmal blühend, reich blühend, duftend

Foto: Burkhard Spellerberg

Kiftsgate

Blütenfarbe	leuchtend weiß
Blütenfüllung	einfach
Wuchsform	ca. 7 bis 10 m lange Triebe
Widerstandsfähigkeit	hoch
Sonstiges	Rambler, einmal blühend, reich blühend, duftend

Foto: Burkhard Spellerberg

Kir Royal

Blütenfarbe	altrosa
Blütenfüllung	gefüllt
Wuchsform	ca. 3 m lange Triebe, stark wachsend
Widerstandsfähigkeit	hoch
Sonstiges	wunderschöne Blüte, einmal blühend, duftend ADR-Rose

Foto: Burkhard Spellerberg

Laguna

Blütenfarbe	karminrosa
Blütenfüllung	gefüllt
Wuchsform	ca. 3 m lange Triebe
Widerstandsfähigkeit	hoch
Sonstiges	sehr schöne Blütenfarbe, duftend ADR-Rose

Foto: Eberhard Hentschke

Lawinia

Blütenfarbe	rosa bis dunkelrosa
Blütenfüllung	gefüllt
Wuchsform	ca. 2,5 m lange Triebe
Widerstandsfähigkeit	mittel
Sonstiges	sehr schöne Blüte

Foto: Burkhard Spellerberg

Manita

Blütenfarbe	rosa, gelbes Auge
Blütenfüllung	halb gefüllt
Wuchsform	ca. 2,5 m lange Triebe
Widerstandsfähigkeit	mittel bis hoch
Sonstiges	sehr schöne Blüte ADR-Rose

Foto: Burkhard Spellerberg

Momo

Blütenfarbe	karminrot
Blütenfüllung	gefüllt
Wuchsform	ca. 2 m lange Triebe
Widerstandsfähigkeit	mittel bis hoch
Sonstiges	sehr schöne, zierliche Blüte

Foto: Burkhard Spellerberg

Morning Jewel

Blütenfarbe	rosa
Blütenfüllung	gefüllt
Wuchsform	ca. 3 m lange Triebe
Widerstandsfähigkeit	mittel bis hoch
Sonstiges	sehr schöne Blüte

Foto: Burkhard Spellerberg

New Dawn

Blütenfarbe	hellrosa
Blütenfüllung	gefüllt
Wuchsform	ca. 3 m lange Triebe
Widerstandsfähigkeit	sehr hoch
Sonstiges	stark wachsend, sehr robust, schön

Foto: Burkhard Spellerberg

Pauls Scarlet Climber

Blütenfarbe	rot
Blütenfüllung	gefüllt
Wuchsform	ca. 3 m lange Triebe
Widerstandsfähigkeit	hoch
Sonstiges	bewährte Sorte

Foto: Burkhard Spellerberg

Perpetually Yours

Blütenfarbe	cremefarben bis weiß
Blütenfüllung	stark gefüllt
Wuchsform	ca. 3,5 m lange Triebe
Widerstandsfähigkeit	mittel bis hoch
Sonstiges	sehr schöne Blüte, duftend

Foto: Burkhard Spellerberg

Pirouette

Blütenfarbe	apricot
Blütenfüllung	stark gefüllt
Wuchsform	ca. 3,5 m lange Triebe
Widerstandsfähigkeit	mittel bis hoch
Sonstiges	sehr ansprechende Blüte

Foto: Burkhard Spellerberg

Pleine de Grace

Blütenfarbe	weiß
Blütenfüllung	einfach
Wuchsform	ca. 5 bis 7 m lange Triebe
Widerstandsfähigkeit	hoch
Sonstiges	Rambler, einmal blühend, reich blühend, duftend

Foto: Burkhard Spellerberg

Rambling Rector

Blütenfarbe	weiß
Blütenfüllung	halb gefüllt
Wuchsform	ca. 5 m lange Triebe
Widerstandsfähigkeit	hoch
Sonstiges	Rambler, überreich blühend, einmal blühend, duftend

Foto: Burkhard Spellerberg

Red Flame

Blütenfarbe	samtrot
Blütenfüllung	gefüllt
Wuchsform	ca. 2,5 m lange Triebe
Widerstandsfähigkeit	mittel bis hoch
Sonstiges	sehr schöne Blüte, duftend

Foto: Burkhard Spellerberg

Rosanna

Blütenfarbe	lachsrosa
Blütenfüllung	gefüllt
Wuchsform	ca. 2,5 m lange Triebe
Widerstandsfähigkeit	hoch
Sonstiges	sehr schöne Blüte, duftend

Foto: Burkhard Spellerberg

Rosarium Uetersen

Blütenfarbe	dunkelrosa
Blütenfüllung	gefüllt
Wuchsform	ca. 2 m lange Triebe
Widerstandsfähigkeit	mittel bis hoch
Sonstiges	reich blühend, vielseitig

Foto: Burkhard Spellerberg

Rosendorf Steinfurth

Blütenfarbe	rosa
Blütenfüllung	halb gefüllt
Wuchsform	ca. 2,5 m lange Triebe
Widerstandsfähigkeit	mittel bis hoch
Sonstiges	sehr schöne Blüte, duftend

Foto: Christian Schultheis

Rotfassade

Blütenfarbe	leuchtend rot
Blütenfüllung	einfach
Wuchsform	ca. 1,8 m lange Triebe
Widerstandsfähigkeit	hoch
Sonstiges	sehr schöne Blütenwirkung ADR-Rose

Foto: Reinhard Noack

Super Dorothy

Blütenfarbe	rosa
Blütenfüllung	gefüllt
Wuchsform	ca. 2,5 m lange Triebe
Widerstandsfähigkeit	mittel bis hoch
Sonstiges	sehr schöne Blüte

Foto: Burkhard Spellerberg

Super Excelsa

Blütenfarbe	dunkelrosarot
Blütenfüllung	gefüllt
Wuchsform	ca. 2,5 m lange, dünne Triebe
Widerstandsfähigkeit	mittel bis hoch
Sonstiges	ansprechende Blütenfarbe

Foto: Eberhard Hentschke

Tess of the d'Urbervilles

Blütenfarbe	karminrot
Blütenfüllung	stark gefüllt
Wuchsform	ca. 2,5 m lange Triebe
Widerstandsfähigkeit	mittel bis hoch
Sonstiges	sehr schöne Blüte

Foto: Burkhard Spellerberg

The Generous Gardener

Blütenfarbe	weiß bis hellrosa
Blütenfüllung	stark gefüllt
Wuchsform	ca. 2,5 m lange Triebe
Widerstandsfähigkeit	hoch
Sonstiges	sehr schöne Blüte

Foto: Burkhard Spellerberg

Tradition 95

Blütenfarbe	leuchtend rot
Blütenfüllung	gefüllt
Wuchsform	ca. 3 m lange Triebe
Widerstandsfähigkeit	mittel bis hoch
Sonstiges	sehr schöne Blüte

Foto: Burkhard Spellerberg

Uetersener Klosterrose

Blütenfarbe	cremfarben bis weiß
Blütenfüllung	gefüllt
Wuchsform	ca. 2,5 m lange Triebe
Widerstandsfähigkeit	hoch
Sonstiges	sehr schöne Blüte, duftend

Foto: Burkhard Spellerberg

Venusta Pendula

Blütenfarbe	weiß bis hellrosa
Blütenfüllung	halb gefüllt
Wuchsform	ca. 5 m lange Triebe
Widerstandsfähigkeit	mittel bis hoch
Sonstiges	sehr reich blühend, duftend

Foto: Burkhard Spellerberg

7.6 Empfehlenswerte Gartenrosen mit besonderen Eigenschaften

Rosa rugosa

Sorten von *Rosa rugosa* werden meistens in Grünanlagen verwendet. Sie sind überwiegend stark wachsend und werden den Strauchrosen zugeordnet. Sie blühen einfach oder gefüllt und ihre Blütenwirkung kann sehr ansprechend sein. Viele Sorten duften sehr stark und sie werden wegen ihrer hohen Widerstandsfähigkeit und ihres Wildrosencharakters auch im Garten sehr geschätzt. *Rosa rugosa* beanspruchen mehr Platz als andere Beet- oder Strauchrosen. Auf kalkhaltigen, verdichteten oder staunassen Böden werden die Blätter schnell chlorotisch, das heißt, die Blätter werden zwischen den Blattadern hellgrün. Tabelle 3 auf Seite 140 zeigt besonders empfehlenswerte Sorten.

Sogenannte „Alte Rosen"

Die sogenannten „Alten Rosen", auch als „Rosenklassiker" bezeichnet, haben einen ganz besonderen Charme. Diese Sorten zeichnen sich durch eine besondere Blüte oder einen einzigartigen Duft aus und werden deswegen von Rosenkennern sehr geschätzt (siehe Tabelle 4, Seite 140).

Foto: Burkhard Spellerberg

'Fantin Latour': eine alte Rose mit starkem Duft

Tabelle 3: Besonders empfehlenswerte Sorten von Rosa rugosa

Sorte	Blütenfarbe	Blütenfüllung	Höhe/Breite	Duft
Baums Rokoko	blaurosa	halb gefüllt	130/130 cm	überragend
Dagmar Hastrup	hellrosa	einfach	110/120 cm	reichlich
Gelbe Dagmar Hastrup	gelb	halb gefüllt	80/100 cm	leicht
Hansa	rötlich violett	halb gefüllt	130/150 cm	reichlich
Moje Hammerberg	violettrosa	halb gefüllt	100/120 cm	reichlich
Polareis	weiß	halb gefüllt	100/100 cm	reichlich
Foxi	karminrosa	halb gefüllt	100/120 cm	sehr intensiv
Pierette	karminrosa/violett	halb gefüllt	140/140 cm	reichlich
Rote Apart	violettrosa	halb gefüllt	110/110 cm	sehr intensiv
Rote Hannover	blaurosa bis violett	einfach	110/110 cm	intensiv
Rotes Meer	karminrosa bis hellviolett	halb gefüllt	120/120 cm	überragend
Wild Edric	dunkelrosa bis purpurrosa	halb gefüllt	130/120 cm	sehr intensiv

Tabelle 4: Besonders empfehlenswerte „Alte Rosen"

Sorte	Blütenfarbe	Blütenfüllung	Eigenschaften	Besonderheit
Veilchenblau	purpurviolett	gefüllt	Rambler	leichter Duft, altbekannte Sorte
Rosa gallica 'Versicolor'	weißrosa gemischt	halb gefüllt	Strauchrose	duftend, altbekannte, sehr alte Rose
Frühlingsgold	leuchtend gelb	halb gefüllt	Strauchrose	duftend, altbekannte Sorte
Golden Wings	leuchtend gelb	einfach	Strauchrose	leichter Duft
Mrs. John Laing	leuchtend rosa	stark gefüllt	Strauchrose	stark duftend, altbekannte Sorte
Maidens Blush	hellrosa	stark gefüllt	Strauchrose	stark duftend, sehr alte Sorte
Lykkefund	weiß bis hellgelb	halb gefüllt	Rambler	duftend, altbekannte Sorte
Leda	weiß	stark gefüllt	Strauchrose	stark duftend, sehr alte Sorte, karminfarbener Rand
Königin von Dänemark	rosa	stark gefüllt	Strauchrose	stark duftend, altbekannte Sorte
Belle sans Flatterie	hell violettrosa	stark gefüllt	Strauchrose	stark duftend, sehr alte Sorte
Fantin Latour	dunkelrosa	stark gefüllt	Strauchrose	stark duftend, sehr alte Sorte
Charles de Milles	karminviolett	stark gefüllt	Beetrose	stark duftend, sehr alte Sorte
Fritz Nobis	hellrosa	gefüllt	Strauchrose	stark duftend, altbekannte Sorte
Zéphirine Drouhin	leuchtend rosa	stark gefüllt	Strauchrose	stark duftend, sehr alte Sorte
La Reine Victoria	leuchtend rosa	stark gefüllt	Strauchrose	stark duftend, sehr alte Sorte
Zigeunerknabe	karminviolett	gefüllt	Strauchrose	stark duftend, altbekannte Sorte
Mme. Boll	rosa	stark gefüllt	Strauchrose	stark duftend, sehr alte Sorte
Cardinal de Richelieu	violett	stark gefüllt	Strauchrose	leicht duftend, sehr alte Sorte

8 Rosarien, Rosengärten, Rosenanlagen

Baden-Baden:

- Gartenamt, Winterhalterstr. 6, 76530 Baden-Baden,
- Gönneranlage, Lichtentaler Allee/ Ludwig-Wilhelm-Str.; 11.000 Rosen in 400 Arten und Sorten
- Rosenneuheitengarten, Auf dem Beutig, Moltkestraße; 5.000 Rosen in 200 Arten und Sorten
- Internationaler Prüfgarten; etwa 400 ständig aktualisierte Rosenneuheiten

Bad Nauheim-Steinfurth:

- Rosen-Union eG., Schaugarten mit Haus & Gartenmarkt, Bad Nauheimer Str. 47–49, 61231 Bad Nauheim-Steinfurth; 800.000 Rosen in über 500 Sorten
  Internet: www.rosen-union.de

Bad Wörishofen:

- Rosengarten Bad Wörishofen im städtischen Kurpark, Parkplatz Mindelheimerstr., 86825 Bad Wörishofen; 6.000 Rosen in 575 Sorten
  Internet: www.bad-woerishofen.de (> Natur & Aktiv > Parks & Anlagen > Rosengarten)

Berlin:

- Rosengarten im Großen Tiergarten; Gartenbauamt, Straße des 17. Juni Nr. 31, 10785 Berlin; 5.300 Rosen in 110 Sorten
- Rosengarten im Volkspark Mariendorf, Prühßstraße; Naturschutz- und Grünflächenamt Tempelhof, Manteuffelstr. 63, 12103 Berlin; 1.700 Rosen in 20 Sorten

Bonn:

- Rosengarten links vom Rhein; Erhardallee; 5.250 Rosen in 40 Sorten

Braunschweig:

- Rosengarten im Botanischen Garten der techn. Universität, Humboldtstraße 1, 38023 Braunschweig; 500 Rosen in 150 Arten und Sorten

Coburg:

- Rosengarten Coburg, Am Anger, Grünflächenamt, Glockenberg 27, 96450 Coburg; 6.800 Rosen in 72 Sorten
- Kleiner Rosengarten Coburg, Historische Rosen und Englische Rosen, 200 Rosen in Beeten und in einem großen Staudenbeet

Darmstadt:

- Park Rosenhöhe Darmstadt, Sabaisplatz, 64283 Darmstadt; 10.000 Rosen in 290 Arten
  Internet: www.park-rosenhoehe.info

Delitzsch:

- Rosengarten Delitzsch, Am Wallgraben; Stadtverwaltung, Markt 3, 04509 Delitzsch; Betreuer: Freundeskreis Rosen (K.-H.) Rindsland, Erzberger Str. 2; 5.000 Rosen in 45 Arten und Sorten; Rosen im Stadtbereich

Dornburg/Saale:

- Dornburger Schlösser – Museen der Stiftung Weimarer Klassik; 07768 Dornburg/Saale; 3.500 Rosenpflanzen, alte Kletterrosen

Dortmund:

- Deutsches Rosarium GRF, im Westfalenpark Dortmund, Sport- und Freizeitbetriebe, Geschäftsbereich Parkanlagen, An der Buschmühle 3, 44139 Dortmund, 2.600 Sorten und Arten in 30 Themengärten und -pflanzungen
  Internet: *www.dortmund.de*
  (> Freizeit & Kultur > Westfalenpark Dortmund > Deutsches Rosarium GRF)

Dresden:

- Rosengarten am Carusufer, rund 15.000 Rosen in 120 Arten und Sorten
  Internet: www.rosengarten-dresden.de

Essen:

- Rosengarten im Gruga-Park, Külshammerweg 32, 45149 Essen; 6.000 Rosen in 60 Arten und Sorten
  Internet: www.grugapark.de

Eutin:

- Rosengarten, Am Rosengarten, Stadt Eutin, Fachbereich Bauen, Lübecker Str. 17, 23701 Eutin; rund 1.000 Rosen in 13 Arten und Sorten
- Rosarium im Seepark in Eutin, 300 Rosen in 12 Arten und Sorten

Forst:

- Ostdeutscher Rosengarten Forst, Wehrinselstr. 42, 03149 Forst/Lausitz; 40.000 Rosen in mehr als 800 Sorten
  www.rosengarten-forst.de

Frankfurt/Main:

- Rosengarten und Rosenneuheitengarten im Palmengarten, Siesmayerstraße 61, 60323 Frankfurt/Main; 10.000 Rosen in 700 Arten und Sorten
  Internet: www.palmengarten.de

Glücksburg:

- Schlosspark Rosarium Glücksburg, Am Schlosspark 2b, 24960 Glücksburg; Rosen von mehr als 500 Arten und Sorten
  Internet: www.gluecksburger-rosenzauber.de (> Rosarium)

Rosarien zeigen eine enorme Arten- und Sortenvielfalt

Foto: Susanne Haslage

Hamburg:

- Rosengarten im Hamburger Stadtpark, Saarland Straße 67, Hamburg-Nord, Gartenbaustelle, Eppendorfer Landstr. 50, 20249 Hamburg; 9.500 Rosen in 700 Arten und Sorten
  Internet: www.hamburg-stadtpark.de (> Rosengarten)
- Rosengarten in Planten und Blomen, Tiergartenstr., Hamburg Mitte, Bauamt, Glacischaussee 20, 20359 Hamburg; 3.000 Rosen in 300 Sorten
  Internet: www.plantenunblomen.hamburg.de

Hannover:

- Sortenschutzprüfung Rose, Bundessortenamt, Osterfelddamm 80, 30627 Hannover; 1.300 Sorten aus aller Welt und ADR-Standort
  Internet: www.bundessortenamt.de
- Rosengarten im Stadtpark Hannover; Theodor-Heuss-Platz, Grünflächenamt, Langensalzastr. 17, 30169 Hannover; 5.000 Rosen in 140 Sorten

Hof:

- Rosarium im Botanischen Garten, Stadtgartenamt Hof, Münch-Ferber-Str. 10, 95028 Hof; 1.600 Rosen in 80 Sorten
  Internet: www.botanischer-garten-hof.de (> Übersichtsplan > 24 Rosarium)

Karlsruhe:

- Rosengarten im zoologischen Stadtgarten, Gartenbauamt Stadt Karlsruhe, Lammstr. 7a, 76133 Karlsruhe; 12.000 Rosen in 200 Arten und Sorten

Kassel:

- Strauchrosensammlung Park Wilhelmshöhe, Wilhelmshöher Weg 37, 34128 Kassel, Verein „Roseninsel Park Wilhelmshöhe e. V.", Korbacher Str. 263, 34132 Kassel, 1.600 Rosen in 900 Arten und Sorten
  Internet: www.roseninsel-kassel.de

Lahr:

- Rosengarten im Stadtpark Lahr, Kaiserstr. 101, 77933 Lahr, Stadt Lahr, Abt. Öffentliches Grün und Umwelt, Am Stadtpark 2, 77933 Lahr; 1.480 Rosen in 250 Arten und Sorten
  Internet: www.stadtparklahr.de

Ludwigsburg:

- Rosengarten, Blühendes Barock, Marbacher Str., Verwaltung des Blühenden Barocks, Mömpelgardstr. 28, 71640 Ludwigsburg; 12.000 Rosen in 250 Arten und Sorten
  Internet: www.blueba.de

Mainau:

- Italienischer Rosengarten und Promenade der Wild- und Strauchrosen Mainau GmbH, Servicezentrum, 78465 Insel Mainau; 10.000 Pflanzen in 1.000 Sorten
  Internet: www.mainau.de

Mainz:

- Rosengarten im Stadtpark, Göttelmannstr., Amt für Grünanlagen und Naherholung, Geschwister-Scholl-Str. 4, 55131 Mainz; 7.500 Rosen in 130 Sorten

Mannheim:

- Rosengarten Mannheim, Grünflächenamt, Collinistr. 1, 68161 Mannheim; Stadtpark Mannheim GmbH, Gartenschauweg 12, 68165 Mannheim
- Herzogenriedpark, Max-Joseph-Straße 64, 68169 Mannheim; 6.000 Rosen in 240 Arten und Sorten
  Internet: www.herzogenriedpark.de
- Luisenpark, Theodor-Heuss-Anlage 2, 68165 Mannheim; 2.000 Rosen in 300 Arten und Sorten
  Internet: www.luisenpark.de

Marburg:

- Rosengarten im Schlosspark, Garten- und Friedhofsamt, Gisonenweg, 35037 Marburg; 7.500 Rosen in 65 Arten und Sorten

München:

- Rosensichtungsgarten, Sachsenstr. 8, 81543 München; 5.000 Rosen in 230 Arten und Sorten

Pinneberg:

- Rosengarten Pinneberg, Fahltsweide, 25421 Pinneberg; Garten- und Friedhofsabteilung, Hogenkamp 34, 25421 Pinneberg; 9.000 Rosen in 80 Sorten
  Internet: www.rosengarten-pinneberg.de

Saarbrücken:

- Rosengarten im deutsch-französischen Garten, Amt für Grünanlagen, Forsten und Landwirtschaft, Nassauerstr. 4, 66111 Saarbrücken; 8.000 Rosen in 120 Arten und Sorten

Sangerhausen:

- Europa-Rosarium der Stadt Sangerhausen, Steinberger Weg 3, Haupteingang: Am Rosengarten 2a, 06526 Sangerhausen; 50.000 Rosen in 6.500 Arten und Sorten
  Internet: www.europa-rosarium.de

Seppenrade:

- Rosengarten Seppenrade, Hauptstraße 22, 59348 Seppenrade; 24.000 Rosen in 600 Arten und Sorten
  Internet: www.seppenrade.de (> Rosarium)

Sparrieshoop:

- W. Kordes' Söhne, Rosenschulen GmbH & Co. KG, Rosenstraße 54, 25365 Klein Offenseth-Sparrieshoop; 3.200 Rosen in 270 Arten und Sorten
  Internet: www.kordes-rosen.com

Stuttgart:

- Rosengarten im Höhenpark Killesberg, Garten-, Friedhofs- und Forstamt Stuttgart, Maybachstraße 3, 70192 Stuttgart; 8.500 Edelrosen, 4.000 Beetrosen, 1.000 Wild- und Strauchrosen

Trier:

- Rosengarten im Nells-Park, Am Verteilerring; Garten- und Friedhofsamt, Gärtnerstr. 62, 54224 Trier; 7.000 Rosen in 550 Arten und Sorten

Uetersen:

- Rosarium Uetersen, Berliner Str.; Bauamt, Wassermühlenstr. 7, 25436 Uetersen; 35.000 Rosen in 890 Arten und Sorten
  Internet: www.rosarium-uetersen.de

Ulm:

- Rosengarten Ulm, Grüner Hof, 89073 Ulm; 1.300 Rosen in 200 Arten und Sorten

Walsrode:

- Weltvogelpark Walsrode, Am Vogelpark, 29664 Walsrode; 16.000 Rosen in 75 Arten und Sorten
  Internet: www.weltvogelpark.de

Weihenstephan:

- Rosengarten des Sichtungsgartens, Institut für Stauden und Gehölze, Am Staudengarten 7, 85354 Freising; 250 Rosen in 150 Arten und Sorten

Zweibrücken:

- Grünflächenverwaltung, Gymnasiumstr. 5–7, 66468 Zweibrücken; Europas Rosengarten Zweibrücken, Rosengartenstraße 50; 60.000 Rosen in 2.000 Arten und Sorten
  Internet: www.rosengarten-zweibruecken.de
- Wildrosengarten, Fasaneriestr.; 5.000 Rosen in 800 Arten und Sorten

9 Alphabetisches Sortenregister

Tabelle 5: Alphabetisches Sortenregister

Sorte	Edelrosen	Beetrosen	Klein-strauch-rosen	Strauch-rosen	Kletter-rosen	Seite
A Shropshire Lad				●		101
Aachener Dom	●					30
Abraham Darby				●		102
Alba Meidiland			●			78
Alea		●				53
Alexander	●					31
Alexandrine	●					31
Aloha					●	122
Alpenglühen			●			79
Amadeus					●	123
Amber Queen		●				53
Amber Sun			●			79
Ambiente	●					31
Angela			●			79
Apache			●			80
Apéritif	●					32
Apfelblüte			●			80
Apricot Meidiland			●			80
Aprikola		●				53
Armada				●		102
Aspirin-Rose		●				54
Augusta Luise	●					32
Bad Birnbach		●				54
Bad Wörishofen 2005		●				54
Baikal					●	123
Bajazzo					●	123

Sorte	Edelrosen	Beetrosen	Klein-strauch-rosen	Strauch-rosen	Kletter-rosen	Seite
Ballerina				●		102
Banzai	●					32
Barkarole	●					33
Bayernland		●				55
Belkanto					●	124
Bengali		●				55
Bernstein Rose		●				55
Berolina	●					33
Beverly	●					33
Black Forest Rose		●				56
Blühwunder 08			●			81
Bobby James					●	124
Bonanza				●		103
Bonica 82			●			81
Bonita Renaissance		●				56
Botticelli		●				56
Brautzauber		●				57
Bremer Stadtmusikanten				●		103
Burghausen				●		103
Burgund 81	●					34
Candia Meidiland			●			81
Candlelight	●					34
Canzonetta		●				57
Caprice de Meilland	●					34
Caramella				●		104
Celina		●				57
Centenaire de Lourdes				●		104
Charisma	●					35
Charles Austin		●				58
Charmant		●				58
Cherry Brandy	●					35

Sorte	Edelrosen	Beetrosen	Klein-strauch-rosen	Strauch-rosen	Kletter-rosen	Seite
Cherry Girl		●				58
Chevy Chase					●	124
Christel von der Post	●					35
Christoph Columbus	●					36
Comedy				●		104
Constance Spry					●	125
Crescendo		●				59
Criolo		●				59
Crown Princess Margareta					●	125
Cute Haze			●			82
Debüt		●				59
Deseo			●			82
Deutsches Rosarium Dortmund					●	125
Diamant			●			82
Diamond Border			●			83
Dolomiti		●				60
Dortmund					●	126
Dortmunder Kaiserhain				●		105
Dublin Bay					●	126
Duftfestival	●					36
Duftgold	●					36
Duftrausch	●					37
Duftzauber 84	●					37
Eden Rose 85				●		105
Elbflorenz	●					37
Elina	●					38
Eliza	●					38
Elysium		●				60
Emil Nolde Rose		●				60
Escimo			●			83
Estima				●		105

Sorte	Edelrosen	Beetrosen	Klein-strauch-rosen	Strauch-rosen	Kletter-rosen	Seite
Famosa		●				61
Fassadenzauber					●	126
Felicitas				●		106
Félicité et Perpétue					●	127
Flammentanz					●	127
Flashlight				●		106
Flirt 2011		●				61
Focus	●					38
Fortuna		●				61
Freisinger Morgenröte				●		106
Friesia		●				62
Garden of Roses		●				62
Gärtnerfreude			●			83
Gateway				●		107
Gebrüder Grimm		●				62
Gelber Engel		●				63
Gentle Hermione				●		107
Gertrude Jekyll				●		107
Getano				●		108
Ghislaine de Féligonde					●	127
Giardina					●	128
Gletscherfee		●				63
Gloria Dei	●					39
Golden Border		●				63
Golden Celebration				●		108
Golden Gate					●	128
Goldspatz				●		108
Graciosa					●	128
Graham Thomas				●		109
Grande Amore	●					39
Grande Classe	●					39

Sorte	Edelrosen	Beetrosen	Klein-strauch-rosen	Strauch-rosen	Kletter-rosen	Seite
Granny			●			84
Guirlande d'Amour					●	129
Hamburger Deern	●					40
Harlow Carr				●		109
Heavenly Pink				●		109
Heidefeuer			●			84
Heidetraum			●			84
Heidi Klum Rose	●					40
Heimatmelodie		●				64
Heinz Winkler		●				64
Hella					●	129
Herkules				●		110
Hermann-Hesse-Rose		●				64
Herz Dame	●					40
Herzogin Friederike				●		110
Home & Garden		●				65
Honoré de Balzac	●					41
Iga 83 München			●			85
Ilse Krohn Superior					●	129
Ingrid Bergmann	●					41
Innocencia		●				65
Inspiration	●					41
Intarsia		●				65
Isarperle		●				66
Jasmina					●	130
Johann Strauß	●					42
Juanita			●			85
Jubilé du Prince de Monaco	●					42
Kaiser von Lautern				●		110
Kent			●			85
Kew Rambler					●	130

Sorte	Edelrosen	Beetrosen	Klein-strauch-rosen	Strauch-rosen	Kletter-rosen	Seite
Kiftsgate					●	130
Kir Royal					●	131
Knirps		●				66
Kosmos		●				66
Kronjuwel		●				67
Kupferkönigin	●					42
La Perla	●					43
La Rose de Molinard				●		111
Lady Like	●					43
Laguna					●	131
Landora	●					43
Larissa			●			86
Las Vegas	●					44
Lavender Dream			●			86
Lavender Meidiland			●			86
Lawinia					●	131
Leonardo da Vinci		●				67
Lichtkönigin Lucia				●		111
Limesglut			●			87
Lions-Rose		●				67
Lipstick			●			87
Loredo		●				68
Louise Odier				●		111
Lupo		●				68
Mademoiselle				●		112
Magic Meidiland			●			87
Mainauduft	●					44
Manita					●	132
Marguerite Hilling				●		112
Mariatheresia	●					44
Mary Rose				●		112

Sorte	Edelrosen	Beetrosen	Klein-strauch-rosen	Strauch-rosen	Kletter-rosen	Seite
Matador			●			88
Maxi Vita		●				68
Medeo			●			88
Medley Pink		●				69
Medley Red		●				69
Medusa			●			88
Mein schöner Garten				●		113
Memoire	●					45
Mirato			●			89
Momo					●	132
Morning Jewel					●	132
Mortimer Sackler				●		113
Mozart				●		113
Münsterland				●		114
Nadia Renaissance		●				69
Nemo			●			89
Neon			●			89
New Dawn					●	133
New Look				●		114
Nostalgie	●					45
Palmengarten Frankfurt			●			90
Parole	●					45
Pat Austin				●		114
Pauls Scarlet Climber					●	133
Pearl Mirato			●			90
Pepita		●				70
Perpetually Yours					●	133
Petticoat		●				70
Philippe Noiret	●					46
Phlox Meidiland		●				70
Piano	●					46

Sorte	Edelrosen	Beetrosen	Klein-strauch-rosen	Strauch-rosen	Kletter-rosen	Seite
Pierre Gagnaire				●		115
Pink Bassino			●			90
Pink Paradise	●					46
Pink Swany			●			91
Pirouette					●	134
Planten un Blomen		●				71
Play Rose			●			91
Pleine de Grace					●	134
Poker	●					47
Polarstern	●					47
Pomponella			●			91
Porta Nigra	●					47
Postillion				●		115
Pretty Kiss				●		115
Pretty Snow			●			92
Pretty Sunrise				●		116
Pullmann Orient Express	●					48
Purple Meidiland		●				71
Queen Elizabeth	●					48
Queen of Sweden				●		116
Rambling Rector					●	134
Ravenna				●		116
Rebell	●					48
Red Flame					●	135
Red Leonardo da Vinci		●				71
Residenz			●			92
Rody			●			92
Romanze				●		117
Rosanna					●	135
Rosarium Uetersen					●	135
Rose de Resht		●				72

Sorte	Edelrosen	Beetrosen	Klein-strauch-rosen	Strauch-rosen	Kletter-rosen	Seite
Rosemary Harkness	●					49
Rosendorf Steinfurth					●	136
Rosenfee		●				72
Rosenprofessor Sieber		●				72
Rosenresli				●		117
Rosenstadt Freising				●		117
Rote Woge				●		118
Roter Korsar				●		118
Rotfassade					●	136
Rotilia			●			93
Rouge Meilove		●				73
Roxy		●				73
Rugelda				●		118
Rush				●		119
Sachsenperle	●					49
Sangerhäuser Jubiläumsrose		●				73
Saremo				●		119
Satina			●			93
Schloss Ippenburg	●					49
Schneeflocke		●				74
Schneekönigin			●			93
Schneewittchen				●		119
Schöne Dortmunderin		●				74
Schöne Koblenzerin		●				74
Sebastian Kneipp	●					50
Sedana			●			94
Shining Light				●		120
Sibelius			●			94
Silencio			●			94
Simply			●			95
Sinea		●				75

Sorte	Edelrosen	Beetrosen	Klein-strauch-rosen	Strauch-rosen	Kletter-rosen	Seite
Triade			●			99
Uetersener Klosterrose					●	138
Unicef-Rose		●				77
Valencia	●					52
Venice			●			100
Venusta Pendula					●	138
Vinesse		●				77
Violina	●					52
Vogelpark Walsrode				●		121
Westerland				●		121
Westzeit		●				77
White Haze			●			100
Wildfang			●			100
Windrose			●			101
Yellow Meilove		●				78
Yellow Romantica				●		122

Weitere aid-Medien

In den Garten – fertig – los!

Kinder- und Jugendarbeit im Verein

Ringordner
DIN A4
148 Seiten
Bestell-Nr.: 5-3977

Gärten bieten viel Raum für Naturerlebnisse und Abenteuer. Grund genug, um jungen Menschen Lust aufs Gärtnern zu machen! Das Handbuch stellt Ideen und Möglichkeiten für die Kinder- und Jugendarbeit in Vereinen des Freizeitgartenbaus vor. Es informiert ausführlich über organisatorische Fragen und pädagogische Grundlagen. Praktische Beispiele zeigen den Ablauf von Aktionen und Gruppenstunden für jede Saison. Das Handbuch macht Lust auf die Arbeit mit Kindern und Jugendlichen und begleitet die Verantwortlichen auf ihrem Weg. Inhaltlich ist es auf die Belange von Vereinen abgestimmt. Daneben kann es Kindergärten und Schulen als Impuls dienen und Vereine als Lern-Partner näher bringen. Ein Kapitel zeigt, wie die Kooperation aussehen kann.

Einzelne Kapitel zum Download:
www.aid-medienshop.de
Bestellnummern 672 bis 677

Schnittblumen frisch halten – in Produktion, Handel und zu Hause

Deutschland ist ein Blumenland! Aber gerade Schnittblumen sind ein empfindliches Produkt, dessen Qualität von vielen Faktoren abhängt. Das Heft zeigt, wie man Haltbarkeit und Qualität der Pflanzen gezielt verbessern kann. Dabei werden alle Produktionsstufen durchleuchtet, von der Züchtung über den Anbau bis zum Transport und der Lagerung im Groß- und Einzelhandel. Auch für die Pflege zu Hause und den Anbau im eigenen Garten bietet das Heft viele Anregungen. Fundiert und leicht verständlich erklärt es wichtige physiologische Prozesse, z. B. wie sich der Wasser- und Kohlenhydrathaushalt der Pflanzen nach der Ernte umstellt.

Heft Print, 14 x 21 cm, 72 Seiten
Bestell-Nr. 5-1523

Von Apfel bis Zucchini – Das Jahr im Garten

Praktische Tipps rund um die Arbeit im Nutzgarten stecken in diesem Heft. Damit sind die beliebten und fachlich fundierten „Tipps für Hobbygärtner" der aid-Seite www.waswiressen.de nun kompakt und übersichtlich in Heftform verfügbar. Monat für Monat erfahren Hobbygärtner, welche Aufgaben es zu erledigen gibt und was jetzt gesät oder gepflanzt werden kann. Neben Aussaattabellen, Adressen und Anleitungen zu Gartenarbeiten gibt es Interessantes zu speziellen Gartenthemen, wie: Was gehört zu einer guten Bodenvorbereitung? Kartoffeln auf dem Balkon. Wie lässt sich Unkraut im Gemüsebeet vermeiden? Welche Vorbereitungen sind für den Winter zu treffen? Ein umfassender Ratgeber für den Nutzgarten voll nützlicher Tipps und kreativer Ideen.

Heft Print, DIN A5 (14,8 x 21 cm), 96 Seiten
Bestell-Nr. 5-1559

Nützlinge im Garten

Viele wissen, dass Marienkäfer Gegenspieler von Blattläusen sind. Weniger bekannt ist die Bedeutung anderer Tiere für das Ökosystem Garten. Das Nachschlagewerk hilft, die wichtigsten Nützlinge zu erkennen und gibt Hinweise zu ihrer Schonung und Förderung. Nützlinge sind Tiere, die Kulturpflanzen nützen oder Schädlingen schaden. Über 70 solcher Helfer stellt die Broschüre in Wort und Bild vor, vom Aaskäfer bis zur Zitterspinne. Gartenbesitzer erfahren, wogegen ein Nützling wirksam ist, wie er lebt, woran er zu erkennen ist und unter welchen Umständen er sich besonders wohl fühlt. Gegenspieler zu Schädlingen lassen sich aus einer praktischen Tabelle ablesen. Als hilfreiche Ergänzung gibt es eine Übersicht der Tiergruppen und ein Glossar.

Broschüre Print, DIN A5 (14,8 x 21 cm), 164 Seiten
Bestell-Nr. 5-1536

Kompost im Garten

Organische Abfälle fallen in jedem Garten und Haushalt an. Mit geringem Aufwand lässt sich daraus ein hervorragendes Dünge- und Bodenverbesserungsmittel herstellen: Kompost. Das Heft vermittelt alles, was man über das Multitalent wissen muss. Es enthält Antworten auf viele praktische Fragen wie etwa: Was kann kompostiert werden? Wie gehe ich bei der Herstellung von Kompost Schritt für Schritt vor? Was ist beim Düngen mit Kompost und beim Einarbeiten in den Boden zu beachten? Hobbygärtner können sich darüber hinaus über geeignete Kompostplätze, Inhaltsstoffe und die Anrechnung der Nährstoffe aus dem Kompost bei ergänzender Düngung informieren.

Heft Print, DIN A5 (14,8 x 21 cm), 28 Seiten
Bestell-Nr. 5-1104

Bodenpflege, Düngung, Kompostierung im Garten

Grundvoraussetzung für optimales Pflanzenwachstum ist ein gesunder lebendiger Boden. Jedem Hobbygärtner sollten der Erhalt und die Verbesserung der Bodenfruchtbarkeit deshalb ein besonderes Anliegen sein. Das Heft gibt dazu zahlreiche Tipps. Der Gärtner lernt die verschiedenen Bodenbestandteile und ihre Funktionen kennen. Art und Zeitpunkt der Bodenbearbeitung werden ebenso beschrieben wie verschiedene Mulchmaterialien. Das zweite Heftkapitel informiert über die fachgerechte Düngung. Nährstoffgehalte von Düngern werden dargestellt und die Berechnung von Düngermengen wird erläutert. Das dritte Kapitel widmet sich der Bereitung und Anwendung von Kompost. Übersichten erleichtern bei allen Themen eine schnelle Erfassung der wichtigsten Aspekte.

Heft Print, DIN A5 (14,8 x 21 cm), 76 Seiten
Bestell-Nr. 5-1375

Lebensmittel aus ökologischem Landbau

Bio-Lebensmittel sind „in". Aber was steckt eigentlich genau dahinter? Was erwarten Konsumenten, wenn sie sich für die immer etwas teureren Produkte aus biologischem Landbau entscheiden? Das Heft beschreibt die Prinzipien des ökologischen Landbaus und erklärt seine besonderen Vorteile für die Umwelt. Sie erfahren, was es mit der besonderen Qualität von Bio-Produkten auf sich hat und wie und woran Sie sie beim Einkauf mit Sicherheit erkennen.

Heft Print, DIN A5 (14,8 x 21 cm), 44 Seiten
Bestell-Nr. 5-1218

Die E-Nummern in Lebensmitteln – Kleines Lexikon der Zusatzstoffe

Was verbirgt sich hinter Begriffen wie Emulgator, Verdickungsmittel, Farbstoff? Welche Zusatzstoffe dürfen in Bio-Lebensmitteln drin sein? Hier erfahren Sie, was wie gekennzeichnet werden muss. Und die Liste aller „E"-Nummern fehlt natürlich auch nicht. Viele Verbraucherinnen und Verbraucher stehen ratlos vor dem riesigen Warenangebot. Stabilisatoren, Verdickungsmittel oder Emulgatoren: wofür das wohl alles gut ist? Wir informieren Sie über Sinn und Zweck der Zusatzstoffe in Lebensmitteln. Wer eine möglichst zusatzstofffreie Ernährung wünscht, findet hier die Liste der „E"-Nummern, die für Bio-Produkte zugelassen sind. Auch die neue Allergenkennzeichnung ist enthalten und natürlich eine Liste aller zugelassenen Zusatzstoffe.

Heft Print, DIN A5 (14,8 x 21 cm), 56 Seiten
Bestell-Nr. 5-1135

Richtig verhalten in Feld und Wald

Der Feld-, Wald- und Wiesen-Knigge gibt wichtige Ratschläge zum richtigen Verhalten in der freien Landschaft. Denn Felder und Wälder werden gerne mit einem großen Freizeitpark verwechselt, und aus Unachtsamkeit und Unkenntnis entstehen oft erhebliche Störungen im Naturhaushalt und in der Feldflur. Hier schafft das Heft Abhilfe mit Tipps und Hinweisen.

Heft Print, DIN A5 (14,8 x 21 cm), 24 Seiten
Bestell-Nr. 5-1336

Bestellung

MedienShop
www.aid-medienshop.de

Fax: +49 (0)228 8499-200
Telefon: +49 (0)180 3 849900*
E-Mail: bestellung@aid.de

*Kosten: 9 Cent pro Minute aus dem deutschen Festnetz.
Anrufe aus dem Mobilfunknetz maximal 42 Cent pro Minute.
Bei Anrufen aus dem Ausland können die Kosten für Telefonate höher sein.

aid infodienst e. V.
Heilsbachstraße 16
53123 Bonn
Deutschland

Kunden-Nr. (falls vorhanden)

Name / Vorname

Firma / Abteilung

Straße und Hausnummer/Postfach

PLZ / Ort

Telefon / Fax

E-Mail

Ich bestelle zuzüglich einer Versandkostenpauschale von 3,00 € (innerhalb Deutschlands) gegen Rechnung (Angebotsstand: März 2013):

Best.-Nr.	Titel	Medium	Anzahl	Einzelpreis €	Gesamtpreis €
5-1229	Gesunde Rosen	Heft		6,00	
5-3977	In den Garten – fertig – los!	Ringordner		32,00	
5-1523	Schnittblumen frisch halten – in Produktion, Handel und zu Hause	Heft		4,00	
5-1559	Von Apfel bis Zucchini – Das Jahr im Garten	Heft		5,00	
5-1536	Nützlinge im Garten	Broschüre		7,00	
5-1104	Kompost im Garten	Heft		2,00	
5-1375	Bodenpflege, Düngung, Kompostierung im Garten	Heft		3,50	
5-1218	Lebensmittel aus ökologischem Landbau	Heft		2,50	
5-1135	Die E-Nummern in Lebensmitteln – Kleines Lexikon der Zusatzstoffe	Heft		3,00	
5-1336	Richtig verhalten in Feld und Wald	Heft		1,50	
5-3264	aid-Medienkatalog	Heft		0,00	0,00

☐ Ich möchte regelmäßig und kostenlos den aid-Medienkatalog erhalten. Diese Zusendung kann ich jederzeit widerrufen.

Auftragswert ______________

Bestellungen erfolgen ausschließlich unter Einbeziehung unserer allgemeinen Geschäftsbedingungen, die Sie im Internet unter www.aid-medienshop.de einsehen oder unserem Medienkatalog entnehmen können, den wir Ihnen auf Anforderung kostenlos zusenden. Die Informationen zur Widerrufsbelehrung und den Widerrufsfolgen auf der gegenüberliegenden Seite habe ich zur Kenntnis genommen.

Datum/Unterschrift

aid infodienst Ernährung, Landwirtschaft, Verbraucherschutz e. V. (aid), Heilsbachstraße 16, 53123 Bonn, Telefon: 0228 8499-0, Telefax: 0228 8499-177,
Geschäftsführender Vorstand: Frau Dr. Margareta Büning-Fesel, eingetragen im Vereinsregister (Registernr. 2240) beim Amtsgericht Bonn